Lust auf Glück?

Impressum:

Autorin: Inke Jochims
Projektleitung: Mag. Eva Manhardt
Lektorat: Mag. Waltraud Wetzlmair-Zechner
Cover: Raimund Lhotak
Graphische Gestaltung: Beatrix Kutschera, www.atelier21.at
Technische Betreuung: Johann Kutschera, www.atelier21.at
Bildnachweis: Coverbild: iStockphoto.com/bbraley; alles restlichen Bilder: iStockphoto.com
Druck: General Druckerei GmbH, Ungarn

www.kneippverlag.com

ISBN: 978-3-7088-0486-6

1. Auflage, März 2010

INKE JOCHIMS

Lust auf Glück?

So steuern Sie
Ihre körpereigenen Stimmungsmacher

Inhalt

Lust auf Glück?
Eine Einführung

Nach Glück, im Sinne von **Freude** und **Zufriedenheit** oder **Erfüllung**, strebt – zumindest unbewusst – jeder Mensch. Jeder. Auch der unglücklichste und unzufriedenste hat sein Elend nicht bewusst angestrebt, aber irgendetwas ist geschehen, was sein Glück verhindert hat. Und wenn man das vorher gewusst hätte ... Nach Glück strebt einfach jeder, nur ist die Vorstellung dessen, was einen glücklich machen würde, recht unterschiedlich. Und manche dieser Vorstellungen führen ins Unglück.

Die Forschung darüber, was Menschen glücklich macht und was nicht, hat in den letzten Jahren enorm zugenommen. Und nicht erst jetzt versuchen Forscher, Philosophen und Autoren zu bestimmen, was Glück eigentlich wirklich ist. Aber bis heute fehlt eine schlüssige Definition. Das kann daran liegen, dass es so viele verschiedene Möglichkeiten gibt, sich glücklich zu *fühlen*. Ohne **Glücksgefühl** ist man nicht glücklich, auch wenn andere dies vielleicht von außen gar nicht so sehen würden.

Jedes Glücksgefühl, gleichgültig welcher Gedanke, welche Verhaltensweise oder welche Erfahrung es ausgelöst hat, ist an die Ausschüttung von **Endorphinen im Gehirn** gebunden. Was Endorphine sind, wird in den nächsten Kapiteln genauer erklärt, hier genügt es zu wissen, dass es Neuropeptide sind, die im Gehirn und im Körper sowohl das Wohlbefinden steigern als auch schmerzstillend wirken. Ohne diese Moleküle können Menschen keine Freude, kein Glück empfinden. Bei einem Mangel an diesen Glücksmolekülen leiden Betroffene an einem Zustand, den die Wissenschaft als Anhedonie, als **Freudlosigkeit**, bezeichnet. Man kann aus biologischen Gründen also nur dann an Besitztümern, Nahrungsmitteln, Tätigkeiten und Beziehungen Freude haben, wenn im Gehirn Endorphine ausgeschüttet werden, die die Erfahrung mit diesen Dingen als lustvoll spürbar machen.

Nun belohnt die Natur aber nicht einfach alles mit Endorphinen, sondern sie belohnt die **Verhaltensweisen**, die etwas zu einem verbesserten Überleben beitragen – sowohl des Einzelnen als auch der Art.

Die Glücksformen und ihre biologischen Grundlagen

Es gibt **Glücksformen**, die eng mit den unbedingt notwendigen biologischen Grundbedürfnissen zusammenhängen, also Essen, Trinken (Wasser), Wärme, Ruhe und – wenn auch nicht unbedingt notwendig zum Überleben – Sexualität. **Zustände des Mangels** erleben Menschen als Hunger, Durst, Kälte und Müdigkeit, und alle diese Empfindungen sind nicht sehr angenehm. Die Befriedigung dieser Bedürfnisse wird vom Gehirn mit guten Gefühlen belohnt, nämlich wohlig satt sein, es warm haben, sich ausgeruht fühlen.

Da diese Bedürfnisse meist absolut notwendig für das Überleben sind, sind die Mangelgefühle sehr **unangenehm**. Das Ziel der Natur ist es, für eine erhöhte Motivation zu sorgen, sich um die Behebung dieser Bedürfnisse auch zu kümmern. Je ausgeprägter der Mangel ist, desto intensiver und angenehmer wird die Behebung des Mangels erlebt. Jeder, der schon einmal sehr durstig durch die Mittagshitze gewandert ist, weiß, welche Glücksgefühle der Anblick einer Quelle auslösen kann.

Wenn man die **Literatur**, die es zum Thema Glück bzw. zu verwandten Gebieten gibt, so durchliest, stellt man schnell fest, dass die Glücksformen, die aus der Befriedigung **biologischer Grundbedürfnisse** resultieren, bei vielen Autoren keinen so guten Ruf haben. Menschen, die viel Genuss in diesem Bereich suchen, haben ebenfalls keinen so guten Ruf. Weder das Bedürfnis, ständig viel und gut zu essen, noch das Bedürfnis, viel zu schlafen oder viel Muße zu haben (sei es in der Variante Urlaub, träumen, in der Sonne liegen, Wellness genießen usw.), sind gesellschaftlich besonders angesehen. Der Katechismus der katholischen Kirche hat Völlerei als Todsünde bezeichnet, also als eine Sünde, die die Abkehr von Gott und eine gegen Gottes Willen stattfindende Hinwendung zum Selbst bedeutet.

Essen, Muße, Sex

Es sind vor allem die Glücksformen **Essen, Muße und Sexualität**, die den meisten Autoren ein bisschen Angst zu machen scheinen. Und nicht nur den Autoren: Diese Form von Glück zu erleben, ist für viele Menschen mit einem Scham- oder Schuldgefühl verknüpft, einem Gefühl, das eine Reaktion auf die jahrhundertelange Verbotskultur ist. Autoren, die sich mit dem Glück befassen, scheuen sich sogar häufig, das Wort „Glück" für das zu verwenden, was man erlebt, wenn diese Bedürfnisse befriedigt werden.

Gerade bei diesen Glücksformen ist man überdies der Meinung, dass sie **nicht ungehemmt** ausgelebt werden dürfen, damit eine Gesellschaft funktionieren kann, und dass sie daher in gewisser Weise gefährlich sind und im Zaum gehalten werden müssen. Ohne den Verzicht auf kurzfristige Triebbefriedigung, so wird dann argumentiert, kann keine Leistung erbracht werden, die eine länger dauernde Anstrengung erfordert. Wer ständig nur essen möchte, kann eben nicht am Fließband arbeiten, man muss also fähig sein, dann Hunger zu haben, wenn das Band angehalten wird oder eine Ablösung kommt. Das gilt auch für jede Büroarbeit. Und, so wird weiter argumentiert, es sind genau diese primären Triebe, wie Essen und Sex, die Menschen befähigen, süchtig und damit abhängig von Drogen zu werden. Kurzum, es droht **Gefahr**. Und diese Gefahr bannt man am besten mit einer Menge sozialer Regeln namens Verbote.

Wie wir sehen werden, ist das aus Sicht der Natur ein unglaublicher Unsinn. Schon sehr lange bevor es Fließbänder und entsprechende Erziehungsmethoden gab, bestand für den Steinzeitmenschen und seine Vorfahren die Notwendigkeit, auf die Jagd zu gehen, um den Hunger zu stillen. Und daher hat die Natur durch ein raffiniertes System aus verschiedenen miteinander interagierenden **Botenstoffen** dafür gesorgt, dass unter normalen Umständen ein Mensch ohne äußeren Druck fähig ist, sich länger auf eine Aufgabe zu konzentrieren und dies sogar gerne tut. Auch die Natur konnte es sich nicht leisten, dass der Mensch unmotiviert in seiner Höhle herumhing und nur futterte. Wäre er nicht irgendwie motiviert worden, aufzustehen und sich auf eine lange und anstrengende Jagd zu begeben oder stundenlang konzentriert zu sammeln, wir wären heute nicht hier. Wie ich noch zeigen werde, hat die Natur es so eingerichtet, dass der Mensch von Belohnungen für erfolgreiches Handeln bei der Befriedigung biologischer Grundbedürfnisse *nicht* süchtig wird, das heißt, er befriedigt seine Bedürfnisse und ist dann fähig, sich etwas Neuem zuzuwenden – und er tut es normalerweise auch. Wenn er süchtig wird und sich nur noch für Essen oder Sex interessiert, dann deshalb, weil der fein abgestimmte Regelmechanismus der Natur durch irgendein Ereignis, z.B. Drogen, Krankheit oder akuten sozialen Stress, außer Kraft gesetzt wurde. Häufig sind religiös motivierte Bilder, beispielsweise von Hieronymus Bosch, von Fresssucht, Gier, Unzucht usw. in einem gesellschaftlichen Umfeld entstanden, das über sehr weite Strecken von Mangel, Leid und Angst geprägt war. Es sind in der Tat diese **Mangelsituationen**, die Menschen dann tatsächlich in süchtiges Verhalten hineintreiben. Dennoch hat die Angst vor diesem Glück an sich, die Vorstellung, dem Glück hafte etwas Gefährliches an, und nicht etwa den gesellschaftlichen Umständen, in welchen es so übermäßig gesucht wird, unser Denken und Fühlen stark geprägt.

Das bedeutet, der Mensch braucht bestimmte Formen von Verboten nicht. Wenn er gesund und nicht entfremdet ist, hilft ihm die Natur, nach dem **Richtigen zu streben**. Die jahrhundertelange Angst, dieses System könnte außer Kontrolle geraten, was zu intensiven Kontrollbedürfnissen seitens Kirche, Eltern und Staat geführt hat, ist unangemessen.

Wohlstand, Besitz, Luxus

Eine weitere Glücksform, die eigentlich auch jeder anstrebt und die ebenfalls bei vielen Autoren keinen guten Ruf genießt, ist das Streben nach **Wohlstand** und **Besitz** bzw. **Luxus**. Hier sind sich die Lager nicht so einig: Während armen Menschen das Streben nach Besitz selbstverständlich zugestanden wird und allen Menschen das Streben nach einer gewissen Menge an Besitztümern, wird häufig das „ungezügelte" Streben nach immer mehr und immer teureren Besitz heftig kritisiert. Die Urform dieser Kritik findet sich bereits in der Bibel, beispielsweise in dem Gleichnis, dass eher ein Kamel durchs Nadelöhr geht als ein Reicher in das Reich Gottes gelangt. Auch hier sind viele Menschen und Autoren, die scheinbar säkularisiert sind, von diesen Vorstellungen geprägt.

Luxusgüter sind Symbole für die Art und Weise,
wie wir uns in der Welt bewegen, und für die Stellung innerhalb der Gesellschaft.

Seit es überhaupt Kulturen gibt, steht fest, dass das Streben nach Luxus dazu führt, dass manche Menschen etwas mehr arbeiten müssen und etwas weniger Glücksformen zur Verfügung haben und andere diese Güter dann ohne oder mit sehr viel weniger Anstrengung konsumieren dürfen. Ein Kritikpunkt ist daher die **soziale Ungerechtigkeit**, zu der dieses Streben führt – und da ist ja auch durchaus etwas dran.

Aber obwohl das Streben nach Luxus seit Jahrtausenden kritisiert und moralisch verdammt wird, hat die Verdammung des Strebens nach sinnlosem Luxus genau so viel genützt wie die Predigt, dass Völlerei eine Todsünde ist.

Denn es gibt eine **biologische Grundlage** für das Streben nach Luxus: Luxusgüter sind Symbole für die Art und Weise, wie wir uns in der Welt bewegen, und für die Stellung innerhalb der Gesellschaft. Je mehr Luxusgüter der Mensch besitzt, als desto höher wird sein **Status** oder sein Rang wahrgenommen. Das wiederum löst Neid, aber auch Bewunderung bei denen aus, die angeblich nicht so glücklich sind. Das Bedürfnis nach einem hohen Status oder Rang ist, wie ich später ausführlich zeigen werde, biologisch vorgegeben, weil der Mensch in gewisser Hinsicht ein „Herdentier“ ist. Dieses Bedürfnis lässt sich daher auch nicht einfach abschaffen oder leugnen. Auch hier arbeiten Verbote gegen das biologische System des Menschen, was die Angelegenheit in aller Regel eher verschlimmert.

Luxusgüter sind also **Symbole für Status** und machen an sich meist nicht glücklich (manchmal geschieht dies allerdings durch die Art ihrer Form und die Qualität ihrer Verarbeitung), aber sie lösen vor allem deshalb Glücksgefühle aus, weil sie unsere Möglichkeiten, innerhalb der Gesellschaft erfolgreich zu sein, bestätigen und durchaus auch verbessern. Es bedarf daher schon einer gewissen Verlogenheit, um nicht zuzugeben, dass man selbst gerne Luxus hat und in gewisser Weise auch danach strebt. Es ist nicht jedermanns Sache, in einem Fass zu leben und vom Kaiser zu verlangen, er möge aus der Sonne treten (Diogenes). Oder – in der modernen Variante – im Bauwagen zu übernachten und nach reiner Selbstverwirklichung und Freiheit zu streben. Aus den wildesten Hippies gingen bekanntlich die tüchtigsten Geschäftsleute hervor. Auch Luxus sollte als ein ohne Schuldgefühle erlebtes Glücksgefühl erlaubt sein.

Die **Gefahr**, die diese Glücksform mit sich bringt, besteht allerdings darin, dass das Streben nach solchen Symbolen mit *Glück an sich* verwechselt wird, und damit blüht den Menschen, die *ausschließlich* nach dieser Glücksform gestrebt haben, meist in der Mitte des Lebens die enttäuschende Erkenntnis, dass sie jetzt zwar alles haben und vielleicht sogar einen hohen Rang bekleiden, aber dass ein noch Mehr und noch Mehr dieser Symbole nicht glücklicher macht. Wie bei der Befriedigung aller biologischen Bedürfnisse hat die Natur auch hier für einen Sättigungseffekt gesorgt. Und dann wird vielen auch deutlich, dass sie vor lauter Anstrengung, noch mehr dieser Symbole zu bekommen, gesunde

In der Mitte des Lebens kommt oft die enttäuschende Erkenntnis, dass sie jetzt alles haben, aber eine gesunde Beziehung zu anderen Menschen fehlt.

Beziehungen zu anderen Menschen vernachlässigt haben, eine andere sehr wichtige Glücksform. Oder sie haben auf die individuelle Weiterentwicklung verzichtet, sie bemerken plötzlich, dass sie sich leer und verzweifelt fühlen, obwohl sie ja eigentlich alles erreicht haben, wonach sie einst strebten. Die Wartezimmer der Psychologen sind nicht ohne Grund voll mit Menschen mittleren Alters ohne materielle Sorgen, die an der Sinnkrise leiden. Aber auch junge Menschen, die schon sehr früh mitbekommen, dass materieller Wohlstand nicht unbedingt immer glücklich macht, leiden unter einer Sinnkrise, denn sie wissen, im Gegensatz zu früheren Generationen, häufig nicht mehr so genau, wonach sie eigentlich streben sollen.

Die **Balance** zwischen den Anforderungen einer Gesellschaft, die erfüllt werden müssen, um an Statussymbole zu kommen, und dem Wunsch, eigene Individuation zu leben und befriedigende Beziehungen haben zu können, kann sehr schwierig werden. Das gilt besonders in autoritären Gesellschaftsformen oder in Gesellschaften, die sich zu sehr auf Status fixiert haben. Die Art und Weise, wie Menschen diese Waage ausbalancieren, trägt aber entscheidend zum Lebensglück bzw. Unglück bei.

Partnerschaft, Kinder, Freunde

Dann gibt es Glücksformen, die in erster Linie mit **sozialen Bindungen** zusammenhängen: eine gute Partnerschaft oder Kinder, Freunde. Eltern wissen, wie schön es ist, wenn sie ihr Kind anlacht. Verliebte wollen nur eines: den angebeteten Menschen wiedersehen. Jahrelange Beziehungen und viele Freunde machen meist ebenfalls glücklich.

Bei dieser Glücksform sind sich praktisch alle Autoren einig, dass es sich um eine **gesunde und richtige Art** handelt, Glück anzustreben, *wenn*, ja *wenn* die angestrebten Beziehungsformen tatsächlich glücklich machen. Und praktisch alle Autoren wissen, dass dieser Bereich die sprudelnde Quelle vielen Unglücks ist, weil er so häufig misslingt.

Auch für diese Glücksform gibt es eine **biologische Grundlage**. Genau wie beim Essen oder Trinken belohnt die Natur für die Verwirklichung dieses Bedürfnisses mit guten Gefühlen, nämlich mit Liebe, Sinn, Glück, Wohlbefinden und mit hohem Selbstwert, und sie bestraft mit schlechten Gefühlen, wenn die Bedürfnisse dieses Bereichs nicht befriedigt werden, vor allem mit Einsamkeit, Angst und einem niedrigen Selbstwertgefühl.

Die höhere Form des Glücks: Der Flow

Zusätzlich gibt es noch Formen von Glück, die auch rundherum akzeptiert werden. Es sind Glücksformen, die mit dem Begriff **„höher"** belegt werden, und die sich darum drehen, dass Menschen danach streben, geistige Leistungen zu erbringen, sich Fähigkeiten anzueignen, Neues zu lernen, weitreichende Kenntnisse in einem bestimmten Gebiet zu erwerben (z.B. Kunst, Musik) oder ganz allgemein zu musizieren, zu malen, zu schreiben, zu bildhauern, zu tanzen, zu lesen, zu meditieren und dabei Genuss und Freude zu empfinden. Das Erlebnis dieses Glücks nannte Mihály Csíkszentmihályi **„Flow"**. Es sind vor allem Tätigkeiten, die längerfristige, konzentrierte Aufmerksamkeit auf ein Thema erfordern, die Flow hervorbringen.

Das, was nach Csíkszentmihályi das Glücksgefühl bei solchen Tätigkeiten auslöst, ist die Tatsache, dass das Selbst dadurch „komplexer", also reifer und handlungsfähiger, lösungsorientierter wird. Je intensiver sich Menschen mit **künstlerischen oder sozialen Fragen** beschäftigen, desto erwachsener werden sie. Und, so Csíkszentmihályi, diese Glücksform macht so viel Freude, weil sie von biologischen Programmen unabhängig ist, anders als die „böse" Triebbefriedigung durch Essen oder Sex. Der Mensch kann hier daher ganz Mensch sein.

„Flow" ist sicher ein wunderbares Erlebnis, aber Csíkszentmihályis Argumentation, dass diese Tätigkeiten so viel Freude machen, weil sie eben nicht von biologischen Programmen gesteuert werden, ist falsch. Denn, wie schon dargelegt, alles Glück, das ein Mensch erleben kann, wird zu Glück, weil bei der entsprechenden Erfahrung **Endorphine** und **andere Botenstoffe** ausgeschüttet werden. Endorphine sorgen dafür, dass eine Tätigkeit angenehm erscheint und daher wiederholt wird. Ohne Endorphine gäbe es auch kein Flow und ohne Endorphine könnte eine Tätigkeit noch so hoch und geistig sein, sie würde keinen Spaß machen. Ohne diese Freude an der Sache würde man sie nicht oft genug wiederholen, um es zur Meisterschaft zu bringen. Auch Mozart hätte ohne eine entsprechende Endorphindusche keine einzige Sonate komponiert. Dank der Endorphine wurde er jedoch biologisch dafür belohnt, seine Begabung zu verwirklichen. Genauso wie es unserem biologischen Programm entspricht, Sex oder Essen haben zu wollen, scheint es unserem biologischen Programm zu entsprechen, Mozartsonaten zu hören oder selbst Musikstücke zu komponieren, Bücher zu lesen oder zu schreiben, erwachsen zu werden und zu sich selbst zu kommen und dabei Freude zu empfinden.

Wenn die Natur also komplexe Tätigkeiten mit denselben Mitteln belohnt wie Sex oder Essen, hat sie ihre Gründe gehabt.

Die drei Lebensaufgaben: Fressen, Nicht-gefressen-Werden und Reproduktion

Die Natur hat dem Menschen wie allen anderen Lebewesen auch drei wesentliche Aufgaben gestellt: **Fressen, Nicht-gefressen-Werden** und **Reproduktion**. Der amerikanische Arzt Ronald A. Ruden postuliert daher auf der Basis neurobiologischer Erkenntnisse für jedes dieser Forderungen ein **Überlebenssystem**.

Zu diesen drei Systemen zählen das **primäre Überlebenssystem** (sorgt für „Fressen", beim Menschen für Essen, Trinken, Wärme), das Überlebenssystem **„Herde"** (sorgt für das „Nicht-gefressen-Werden", beim Menschen für das Bedürfnis nach Einbindung in eine soziale Gemeinschaft, Rang, Status sowie Schutz vor Gewalt) und das Überlebenssystem **„Reproduktion"** (sorgt für Sexualität und das Bedürfnis, Nachkommen zu haben und großzuziehen bzw. für die Erhaltung der Art zu sorgen).

Die Steuerung der Überlebenssysteme

Alle drei Überlebenssysteme werden von tieferen Gehirnzentren gesteuert (allerdings ist hier das Zusammenwirken vieler Teilsysteme des Gehirns gemeint, eine neurologische Struktur namens „Überlebenssystem" gibt es nicht). Tiefere Gehirnzentren sorgen dafür, dass Bedürfnisse entstehen, höhere Zentren, wie der präfrontale Cortex (Teil des Stirn- oder Frontlappens der Großhirnrinde), ermöglichen es, dass sie bewusst werden, und sie entwickeln Pläne, um diese Bedürfnisse zu befriedigen. Während Tiere nur auf einen realen Mangel reagieren, können Menschen auch Mangelsituationen mithilfe der Phantasie erzeugen. Es genügt, sich ein opulentes Festmahl zu visualisieren, und schon bekommt man Hunger, es genügt sich vorzustellen, dass andere ein schöneres Auto haben, und schon fühlt man sich klein und mies und denkt, man wäre im Status gesunken. Prompt hätte man dann auch gern ein neues Auto, um den vermeintlichen Mangel im System „Herde" zu beheben.

Schutzraum „Herde“

Das Überlebenssystem, das für „Fressen“ sorgt, springt immer dann an, wenn die Homöostase (Selbstregulation) des Körpers aus der Balance geraten ist. Wenn das Gehirn feststellt, dass der Körper hungrig, müde, durstig oder kalt ist, sorgt es dafür, dass wir alle möglichen Anstrengungen unternehmen, damit wir satt werden, ausgeruht sind und uns warm wird.

„Nicht gefressen werden“ heißt, dass der Mensch Schutz sucht in einer **„Herde“**. In der Steinzeit und den Jahrtausenden davor war das ein echtes Rudel. Heute ist jede Gruppe gemeint, innerhalb derer sich ein Mensch bewegt. Um ihre Angst vor der Vernichtung einzudämmen oder zu mindern und ihre Chancen für die Nahrungssuche zu steigern, finden sich zahlreiche Tierarten – und auch der Mensch – zu Gruppen, zu „Herden“, zusammen. Alle Herdentiere, so auch der Mensch, erleben eine extreme **Angst**, wenn sie aus einer Herde ausgeschlossen werden, weil sie ohne diese nicht überlebensfähig sind. Tiere, die keine Herdentiere sind (z.B. die Katze im Unterschied zum Hund), erleben diese Angst nicht.

Es gibt also in der Natur Jäger, die nur in **Gruppen oder Herden** für ihr Überleben sorgen können, und solche, die auch als **Individuen** gute Überlebenschancen haben. Das klassische Beispiel sind Hund und

Katzen. Hunde sind Rudeltiere und brauchen daher ein Rudel, um ihr Überleben zu sichern, ein Hund ist auf den Menschen angewiesen und gehorcht deshalb. Eine Katze braucht den Menschen nicht im diesem Maße. Wer eine Katze als Haustier hat, der weiß, dass es nahezu unmöglich ist, einer Katze irgendetwas zu verbieten. Die Angst, die Herdentiere bei Isolation erleben, soll sie motivieren, wieder in eine Schutz gebende Herde zurückzukehren, und diese Angst bringt sie auch dazu, den jeweiligen Rudelführern zu gehorchen. Wenn eine Leitstute in einem Pferderudel ein heranwachsendes Fohlen erziehen will, schubst sie es aus der Herde. Erst wenn es den Kopf senkt, darf es zurück. Wenn es dann wieder frech wird, fliegt es erneut hinaus, und zwar so lange, bis es sich angepasst verhält.

„Herde" bedeutet auch, dass man seine Mitgenossen kennt, und **Vertrautheit** mildert Aggressionen. „Herde" bedeutet für den Menschen eine Situation, in der er vor äußeren Feinden und vor den Aggressionen seiner Mitmenschen halbwegs sicher ist. Das bietet Schutz vor Gewalt. Aus dem Bedürfnis, handlungsfähige und Schutz bringende Herden zu bilden, haben sich die komplexen und ausdifferenziertesten Beziehungsformen entwickelt. Liebe, Freundschaft und Wertschätzung stärken die Bindung zwischen den Herdenmitgliedern und formen so eine Herde oder Gesellschaft, die effizient handeln kann. Die Liebe zwischen Eltern und Kindern sorgt (meistens) dafür, dass Eltern lernen, ihre Aggressionen zu zügeln, und die Kinder daher eine bessere Überlebenschance haben.

Hoher Rang – hohes Selbstwertgefühl

Ein hoher Rang und Anerkennung innerhalb einer Herde sind Glücksformen, weil das bedeutet, dass man erstens sicher ist, zweitens dazugehört und drittens interessant genug ist, um in der Konkurrenz um attraktive Sexualpartner einen Vorteil zu haben. Ein hoher Rang bedeutet auch, dass man nicht so leicht unterdrückt werden kann, beispielsweise vom Führer der Herde, dass man wichtig ist und für das Fortbestehen der Herde gebraucht wird – alles Dinge, die die Natur belohnt und zwar mit einem **hohen Selbstwertgefühl**.

Das Selbstwertgefühl eines Menschen hängt nahezu vollständig von der Rückmeldung anderer Menschen ab. Menschen sind soziale Wesen, sie brauchen Rückmeldung, weil sie wissen wollen, ob sie noch zur Herde gehören (also sichere Bindungen haben), und wenn ja, welchen Rang sie dort einnehmen. Wenn sie die richtige Rückmeldung erhalten, werden sie mit Glücksgefühlen belohnt. Es ist nicht die **positive Rückmeldung** an sich, die glücklich macht, es ist das Gefühl, dass ein biologisches Bedürfnis befriedigt worden ist. Ein niedriges Selbstwertgefühl ist das Signal des Gehirns, dass der eigene Rang und die Wertschätzung innerhalb einer wie auch immer gewählten Herde niedrig ist. Das kann den Menschen motivieren, Anstrengungen zu unternehmen, um diese Situation zu ändern. In der Natur war dies früher ein Signal dafür, dass die eigenen Kräfte momentan nicht sehr ausgeprägt waren und dass es daher günstiger war, sich den Stärkeren zu unterwerfen, um bessere Überlebenschancen zu haben. Heutzutage, wo es leichter ist, „Herden" zu wechseln, indem man zum Beispiel Beziehungen löst und neue eingeht, muss ein mangelndes Selbstwertgefühl nicht mehr als Unterwerfungssignal interpretiert werden.

Die Tatsache eines biologisch vorgegebenen „Herdentriebs" ändert nichts an der menschlichen Fähigkeit zur Freundschaft, zum Altruismus, zum Mitgefühl. Doch selbst die größte Spende und das edelste Verhalten sind durch dieses Teilsystem motiviert. Der Feuerwehrmann, der unter Lebensgefahr ein Kind rettet, der Arzt, der in ein Katastrophengebiet fliegt ... sie wollen auf einer gewissen Ebene dazugehören zu einer konkreten oder auch imaginären „Herde", sei es die „Herde" Feuerwehr oder die „Herde" humanistische Gemeinschaft. Dieses Überlebenssystem springt an, sobald wir in einer Herde sind, sei es nun die Mafia oder ein Kloster, eine Familie, die Armee, eine Sekte, eine Selbsthilfegruppe, eine Firma, ein Freundeskreis.

Bedürfnisbefriedigung und Phantasie

Sobald wir irgendwo dazugehören, ist das System beruhigt und meldet das als **gute Gefühle** zurück. Menschen sind jedoch fähig, anders als andere Herdentiere, die durch dieses System ausgelöste Angst in der **Phantasie** zu beruhigen. Das menschliche Nervensystem reagiert auf imaginierte Erfahrungen sehr ähnlich wie auf konkrete Erfahrungen. Deshalb ist der Mensch nicht vollständig diesem System ausgeliefert, er kann (in Grenzen) wählen, die entsprechende Bedürfnisbefriedigung in der Phantasie auszuleben.

Kinder lassen ihre Phantasie spielen, wenn sie sich einsam fühlen. Sie denken sich einen Gefährten aus, der ihnen hilft und ihnen beisteht. Sehr ähnlich agieren auch Menschen, die in Einzelhaft genommen wurden, oder Menschen, die aus anderen Gründen sehr lange alleine sind. In dem Film *„Verschollen"* wird die Hauptperson, gespielt von Tom Hanks, nach einem Flugzeugabsturz auf eine einsame Insel gespült, auf der er vier Jahre lang, ohne irgendeinen anderen Menschen, überlebt. Er rettet sich, indem er eine imaginäre Beziehung zu einem Ball eingeht, der an denselben Strand geschwemmt wurde und dem er ein Gesicht aufmalt. Als er diesen Gefährten durch eigene „Schuld" verliert, weint und schreit er verzweifelt, so wie jemand, der einen echten Gefährten verliert, und er entschuldigt sich bei diesem Ball so, wie man es bei einem Menschen tun würde. Wohl gemerkt: Der Film macht sehr deutlich, dass der Protagonist nicht verrückt ist, sondern zeigt eine **Überlebenstaktik** auf. Nachdem er wieder in die menschliche Gemeinschaft zurückgefunden hat, geht er wieder Beziehungen zu Menschen ein und

kann klar artikulieren, dass der imaginäre Gefährte, der ihm die geistige Gesundheit gerettet hat, in Wahrheit nur ein Volleyball gewesen ist. Aber auch die Beziehung zu einem Tier kann für viele Menschen soziale Kontakte ersetzen: Das Tier wird dann in der Phantasie zu einem echten Gefährten und Glücksbringer.

Selbstverständlich kann dieses Vorgehen, Beziehungen nur in der Phantasie einzugehen, echte Beziehungen nicht vollständig ersetzen und sollte daher nur eine **vorübergehende Lösung** sein.

Menschen können sich in der Phantasie selbst **Rückmeldungen** geben, die ihr Selbstwertsystem stabilisieren, und so lange Durststrecken durchstehen, was manchmal notwendig ist, um hinterher Erfolge zu haben. Manche Künstler beispielsweise werden erst posthum berühmt, haben aber ihr Leben damit verbracht, sich selbst in der Phantasie Rückmeldungen zu geben, die sie befähigten, auch ohne Anerkennung und materiellen Erfolg weiter Bilder zu malen oder Skulpturen zu schaffen.

Zu diesem Bereich gehören auch alle Glücksformen, die im engeren oder weiteren Sinne mit Religion zu tun haben. Die Vorstellung eines liebevollen oder strukturierenden Gottes mindert für viele Individuen und Gesellschaften Angst, schafft positive Gefühle und Bindungen über Gemeinsamkeiten und kann daher im besten Falle zu einem guten Zusammenleben der „Herde“ beitragen.

Lebensaufgabe Reproduktion

Das Überlebenssystem „Reproduktion" sorgt dafür, dass Menschen ihre Sexualität leben, begehrenswert sein wollen, einen Partner finden und Kinder haben möchten.

Dieses System kann aber, anders als die beiden anderen Systeme, von langandauernden **Stresserfahrungen** außer Kraft gesetzt werden. Das geschieht durch biologische Mechanismen, die ab Seite 67 noch genauer beschrieben werden. Wenn ein akuter Mangel in einem der beiden anderen Systeme herrscht, wollen Menschen keinen Sex und keine Kinder.

Das System „Reproduktion" sorgt unter guten Umständen aber für weit mehr als nur für Sexualität und Kinder. Es sorgt auch dafür, dass Menschen den eigenen und auch fremden Nachkommen der gleichen Art einen **Selektionsvorteil** im Kampf um knappe Ressourcen wie Nahrung, Status, Einkommen und Sexualpartner geben wollen und glücklich sind, wenn sie das können. Es ist dieses System, das die biologische Grundlage für alle sogenannten höheren geistigen Tätigkeiten bildet. Warum?

Der Mensch als „Zeit-Binder"

Der polnische Mathematiker und Philosoph Alfred Korzybski (1879 – 1950) hat schon 1921 eine Unterscheidung getroffen, die diese Frage sinnvoll beantwortet. Er beschrieb den Menschen als „Time-Binder" (Zeit-Binder), im Gegensatz zum Tier, das ein „Raum-Binder" ist. Wenn ein Tier auf die Jagd geht, bewegt es sich im Raum. Der Löwe rennt, der Vogel fliegt, der Hund sucht und erschnüffelt sich seinen Weg und selbst die Made bewegt sich durch den Apfel. Auch der Mensch hat die Fähigkeit zu jagen, indem er den Raum erobert, aber im Kampf mit vielen anderen Tieren um Nahrungsressourcen war er in dieser Disziplin häufig deutlich unterlegen.

Aber da sich der Mensch im Gegensatz zu allen anderen Tieren am meisten durchgesetzt hat, sodass er heute keine natürlichen Feinde mehr hat, muss er einen entscheidenden **Selektionsvorteil** gehabt haben. Der entscheidende Selektionsvorteil des Menschen während der Evolution war, dass er nicht nur den Raum erobern konnte, sondern auch die „Zeit": Er konnte seinen Nachkommen etwas vererben, was überaus kostbar war und ist, nämlich Zeit, Lebenszeit. Und das war im Kampf mit Nahrungskonkurrenten schließlich nicht nur ein Vorteil, sondern der Vorteil schlechthin.

Tiere machen genau wie Menschen **Erfahrungen**. Diese Erfahrungen bleiben beim Tier meist unbewusst, dennoch steuern sie das Verhalten und tragen daher unter Umständen zu verbesserten Überlebenschancen des Individuums bei. Auch der Mensch macht Erfahrungen, solche, die bewusst und solche, die unbewusst bleiben. Im Unterschied zum Tier aber kann er diese Erfahrungen in Begriffe fassen und beschreiben. In einer langen Phase von **Versuch und Irrtum** kann ein Mensch herausfinden, wie man Feuer macht. Diese Phase ist zeitaufwendig. Aber sobald man es einmal verstanden hat, kann man es in ganz einfache Sätze fassen und diese Sätze seinen Nachkommen sagen. Der Nachkomme muss nun die Sätze wieder mit Erfahrung verbinden, er muss lernen, was die einzelnen Wörter in der Erfahrungswelt bedeuten, aber das geht wesentlich schneller, als alles in jeder Generation wieder durch Versuch und Irrtum neu lernen zu müssen.

In jeder Sekunde unseres Daseins leben wir von der **Lebenszeit** derjenigen, die vor uns da waren – das eigentliche Vermögen der Menschheit ist die in Begriffe gebundene Lebenszeit der Toten. Und aus diesem Grunde entwickelt sich die menschliche Herde exponentiell schnell, während beispielsweise Wolfsrudel das nicht tun.

Es ist wahrscheinlich eine der größten Gefahren der Menschheit, dass sich mathematische Formeln für den Bau einer Atombombe schneller und einfacher weitergeben lassen als die Formel für Empathie- und Beziehungsfähigkeit. Ein Grund für die Misere kann durchaus darin gesehen werden, dass die Menschheit insgesamt mehr Lebenszeit in technische Entwicklungen als in soziale Entwicklungen investiert hat und daher für die technischen Entwicklungen stimmigere Begriffe, Methoden und Konzepte vorliegen. Aber dennoch: Auch in sozialen und zwischenmenschlichen Bereichen sind Menschen in jeder Generation fähig, die Konzepte ein bisschen zu verbessern und der nachfolgenden Generation modifizierte Ideen und innere Bilder weiterzugeben, die den Umgang miteinander schließlich verbessern.

Wenn also die Fähigkeit, Erfahrungen (also etwas, was man gesehen, gehört oder gefühlt hat) in Form von Begriffen weiterzugeben, den entscheidenden Selektionsvorteil des Menschen bedeutete, dann ist auch klar, warum die Natur die psychologischen Voraussetzungen dafür **belohnt**. Diese sind langdauernde Aufmerksamkeit auf eine Thematik oder Beschäftigung, intellektuelle Fähigkeiten, ein konzentrationsfähiges und starkes Ich, Neugier und Freude am Erwerb von komplexen Fähigkeiten. Je mehr und je intensiver sich Menschen einer Tätigkeit widmen, desto reifer werden sie und desto wahrscheinlicher wird es, dass sie zu **„Zeit-Bindern"** werden, also ihre Erfahrungen weitergeben und so zur biologischen Forderung der Reproduktion etwas beitragen. Auch hier gilt: Solange ein akuter Mangel und dadurch ausgelöster Stress in einem der beiden anderen Systeme herrschen, wird dieses System biologisch blockiert; dann sind Menschen ungern bereit, Neues zu lernen und Erfahrungen weiterzugeben oder zu beschreiben.

Jemand, der durch Ausbildung und eigene Anstrengung fähig ist, etwas zum **symbolischen Schatz der Menschheit** beizusteuern und daher Zeit zu „binden", trägt etwas zum Erhalt der Art bei und entspricht somit dem biologischen Programm der **Reproduktion**. Aber er sorgt auch für eine Verbesserung

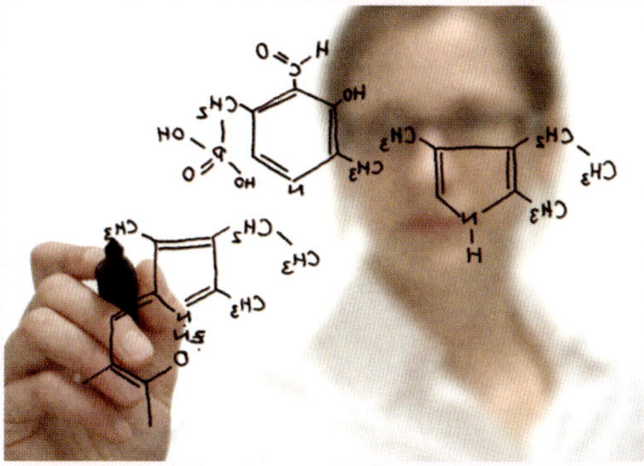

Wer für eine Verbesserung der Überlebenschancen sorgt, wird von der „Herde" belohnt.

der Überlebenschancen insgesamt, und deshalb wird er auch im System „Herde" belohnt. Je mehr er beiträgt, desto höher steigt sein Ansehen in der Gesellschaft, der „Herde", in der er lebt, was wiederum weitere biologische und finanzielle Belohnungen nach sich zieht. Insgesamt belohnt die Natur diese Fähigkeiten mit Gefühlen wie Sinn, Selbstwert, Wohlbefinden, Glück. Im Steinzeitrudel wurden die Alten wohl aus diesem Grunde auch in schlechten Zeiten miternährt und nicht einfach vor die Höhlentür gesetzt: Sie verfügten über den größten **Erfahrungsreichtum** und daher über die meisten Fähigkeiten, mithilfe von Erzählungen, Mythen, Ritualen usw. etwas zum symbolischen Schatz der Herde beizutragen.

Und das gilt auch für solche Schätze, die auf den ersten Blick überflüssig erscheinen: Wofür beispielsweise braucht man Gedichte und Mozartsonaten, inwieweit tragen sie zu einem verbesserten Leben der nachfolgenden Generation bei? Warum belohnt die Natur so etwas? Warum erlaubt sie uns, Mozart gut zu finden? Und noch provokanter: Wofür brauchen wir Aussteiger, Träumer, Meditierende? Dafür hat der Neurobiologe Gerald Hüther eine stimmige Antwort gefunden: Man weiß ja nicht, welche Anforderungen die Zukunft bringt und daher weiß man auch heute nicht, welche **Ressourcen** man morgen braucht. Etwas, was heute überflüssig erscheint, kann morgen genau das sein, was dringend gefordert wird. Das Rockfestival in Woodstock war vielleicht „überflüssig", überflüssig für das pure Überleben in dem Moment, wo es stattfand, aber es hat einer ganzen Generation die Kraft gegeben, ihre erstarrte Gesellschaft wieder lebendiger und damit auch überlebensfähiger zu machen. Daher sind all diese symbolischen Schätze und alle Lebensformen Ressourcen, die Menschen und Gesellschaften befähigen, bei überraschenden Entwicklungen oder Gefahr **produktiver zu handeln** und damit lebensfähig zu bleiben. In diesem Sinne sind diese Ressourcen ein Schatz, der potenziell zum Überleben des Einzelnen ebenso beiträgt wie zum Überleben der Art.

Freiseinwollen und Zugehörigkeitsstreben – ein Konflikt

Es ist eines der interessantesten Charakteristika menschlichen Zusammenlebens, dass Menschen einerseits fast immer nach irgendwelchen Gemeinschaften streben, aber andererseits ein ebenso starkes biologisches Bedürfnis besteht, **frei zu sein**. Die Geschichte ist durchzogen von Freiheitskriegen und von Menschen, die sich für ihr Bedürfnis nach Freiheit haben einsperren oder foltern lassen. Auch auf der alltäglichen Ebene begegnet uns dieses Paradoxon immer wieder: Man möchte schon mit der Mode gehen, aber der Minirock soll doch bitte ganz individuell wirken. Man möchte ein Eigenheim wie jeder andere, das aber ganz individuell eingerichtet ist. Man möchte selbst denken und kann es gar nicht leiden, wenn einem Vorschriften gemacht werden. Aber man möchte sich auch nicht zu weit aus dem Fenster lehnen.

Es gibt also einen tiefen und schwer lösbaren **Konflikt** zwischen dem Bedürfnis nach Zugehörigkeit zur Herde oder zu engen Beziehungen einerseits und Freiheit und Individuation andererseits, ein Konflikt, der in jeder Generation wieder neu ausgetragen werden muss. Aber auch dieser Konflikt lässt sich **evolutionär** erklären: Wenn sich Menschen vollständig anpassen würden, hätten sie keine neuen Erfahrungen mehr gemacht, denn man hätte sich ja strikt an das gehalten, was die Alten bereits erfunden hatten – also wären neue Erfindungen unterblieben. Je stärker der Anpassungsdruck, desto stabiler werden Herden. Aber Herden, die maximal stabil sind, können nicht auf veränderte Umweltbedingungen reagieren. Gesellschaften, die das nicht konnten, sind verschwunden, und auch in der Natur sterben solche maximal stabilen Herden aus, wenn sich die Umgebung so ändert, dass die alten Strukturen nicht mehr funktionieren. Heutzutage ist es das Schicksal von Firmen, die sich an veränderte Gegebenheiten nicht anpassen können oder wollen, sehr schnell vom Markt zu verschwinden.

Um wirklich kreativ etwas beitragen zu können, muss man als Individuum andere Erfahrungen zulassen können, als es die Herde offiziell „erlaubt". Das hat, wenn Einzelne Erkenntnisse und Erfahrungen hatten, die die offizielle Herde nicht mochte oder sogar bedrohlich fand, zu erbitterten Kriegen geführt. Und dennoch schaffen meist gerade diese einzelnen Herdenmitglieder Ressourcen, die die künftige Herde retten können. Was sie dazu befähigt ist, neben dem Wunsch und der Fähigkeit, „Zeit" zu binden, eben auch der biologisch belohnte Freiheitsdrang.

Die Natur hat uns **drei große Aufgaben** gestellt und sie belohnt die Erfüllung aller drei Aufgaben mit **Glück**. Es gibt also kein gutes Glück, das irgendwie von biologischen Programmen unabhängig ist und ein zweitrangiges Vergnügen, das damit zusammenhängt. Es gibt einfach nur Glück. So, wie die Natur belohnt, bestraft sie auch für einen Mangel und das nennen wir ungute Gefühle oder in der Summe **„Unglück"**. Das Ziel kann daher nicht sein, eine Glücksform auf Kosten der anderen zu verdammen, und eine andere, z.B. aus gesellschaftlichen Gründen, zu bevorzugen, denn dann kommt es immer zu einem Mangel. Und mit Mangel in einem der drei Systeme geht immer eine Form von Unglück einher.

Das Ziel kann aus biologischen Gründen daher nur das sein, eine **Balance** zwischen allen Formen des Glücks zu erreichen.

Und diese Erkenntnis, dass die Mozartsonate entstanden ist, weil Mozart dem gleichen biologischen Programm wie alle anderen Menschen und die meisten Tiere folgte, ändert nichts an eben der Schönheit der Sonate und dem beim Hörer dadurch ausgelösten Glück.

Gute Gefühle

Ein Besuch im Restaurant

Nehmen wir an, Sie planen, mit einem Partner oder mit Freunden ein Restaurant zu besuchen, um einen ganz besonderen Abend zu erleben. Sie verabreden sich und beginnen, in Restaurantführern zu lesen und Sie überlegen: Chinesisch? Thailändisch? Französische Küche? Doch lieber österreichische Küche? Ohne Zweifel macht Ihnen das Lesen des Restaurantführers Freude. Nachdem Sie beschlossen haben, essen zu gehen, erinnern Sie sich plötzlich auch an Kommentare von Bekannten, welches gute Restaurant diese in letzter Zeit besucht und welche sie empfohlen haben. Irgendwann haben Sie die Entscheidung gefällt und alle Verabredungen getroffen.

Am fraglichen Abend ziehen Sie sich schick an und fahren los. Im Restaurant angekommen, setzen Sie sich voller Erwartung hin, und der Kellner eilt herbei. Sie erhalten die Karte und ordern einen Aperitif. Die fünf Minuten, während Sie auf das Getränk warten und Sie die Karte durchlesen, sind die erwartungsfrohesten des Abends. Sie entscheiden sich für das Fünf-Gänge-Menü mit passenden Weinen. Der Champagner kommt und Sie bestellen. Sie prosten sich zu und nehmen den ersten Schluck. Der Moment ist schön, ein entspanntes Glück. Und dann zeigt der Koch seine Meisterschaft und Sie genießen das Essen.

Am Ende des Abends sind Sie satt und wohlig müde. Die Gespräche waren gut, das Essen phantastisch und jetzt möchten Sie nach Hause. Das Gefühl, das Sie mitnehmen, ist eine entspannte und wohlige Gelassenheit.

Vorbereitung und Genuss: Die zwei Phasen des Glücks

Wenn Sie nach dem Restaurantbesuch jemand fragen würde, wann Sie sich am glücklichsten gefühlt haben, dann werden Sie wahrscheinlich antworten: Während des Essens natürlich. Und doch macht dieses Beispiel deutlich, dass es während des gesamten Prozesses zwei Formen von Glück gab: Die erste Form des Glücks zeigte sich im lebendigen **Gefühl der Vorbereitungszeit**. In dieser Phase waren Sie wach und aktiv, die Aufmerksamkeit war nach außen gerichtet, lebendig und erwartungsfroh. Die zweite Form umfasste das Glücksgefühl des **tatsächlichen Genusses**: Während des Essens fühlten Sie sich zunehmend entspannter und wohliger. Am Ende des Abends fühlten Sie sich möglicherweise sogar leicht benebelt. Die Aufmerksamkeit war im besten Falle auf die Geschmacksnuancen des Essens und – wenn Sie sich nicht unterhalten haben – nach innen gerichtet, und Sie waren mit der Feststellung beschäftigt, wie sich dieser Genuss für Sie anfühlt. Einige Menschen schließen beim Kosten sogar die Augen, um sich nur nach innen zu fokussieren. Während die erste Glücksform, die **Vorbereitungsphase**, nur zu erleben ist, wenn man selbst aktiv wird, ist die zweite Glücksform, der Genuss, auch passiv erreichbar.

Wollen und Mögen

Den Unterschied zwischen der Phase eins, in der Sie sich auf den Restaurantbesuch vorbereitet haben, und der Phase zwei, während der Sie das Essen tatsächlich genossen haben, nennt der Autor der „Glücksformel“, Stefan Klein, den zwischen **„Wollen“ und „Mögen“**.

Die Phase des Wollens nennt man die **antizipatorische Phase** oder die Appetenzphase. Diese Phase dient der Vorbereitung auf die sogenannte **konsumatorische** Phase. Dies gilt sowohl für Tiere als auch für Menschen und das gilt auch für alle Bedürfnisse in allen Überlebenssystemen. Es gibt immer diese beiden Phasen: Vorbereitung (beim Menschen auch Arbeit) und Genuss.

Die antizipatorische Phase

Tiere wie Menschen in der **antizipatorischen Phase** zeigen ein bestimmtes Verhalten: Sie jagen, umwerben eine Partnerin oder einen Partner, bauen ein Nest oder ein Haus. In der konsumatorischen Phase genießt man das Erreichte, man kaut, schluckt, fühlt sich wohl und die Motivation, weiterhin zu jagen oder zu werben, nimmt ab.

Die antizipatorische Phase ist die stärkste Kraft in unserer Psyche. Sie kann bewirken, dass wir Berge versetzen.

Beide Phasen werden von der Natur **mit guten Gefühlen** begleitet. Aber die erste Phase ist meist dadurch gekennzeichnet, dass man relativ wach und aufmerksam, manchmal fast ein bisschen nervös ist. Man fokussiert nach außen und beobachtet seine Umgebung, immer in Hinblick auf ein bestimmtes Ziel. Man fühlt sich energiegeladen und aktiv. Man hat vielleicht sogar das Gefühl, dass etwas Interessantes und Aufregendes vorgeht. Wenn es sich sehr interessant anfühlt, kann man sich regelrecht in einen Rausch hineinsteigern. Diesen Zustand nennt man **hohe Motivation**, und Personalchefs wissen, dass er Gold wert ist. Spielsüchtige kennen ihn auch und wissen, dass er im Desaster enden kann, aber wenigstens fühlt man sich lebendig. Der Gourmet nennt ihn Appetit, im sexuellen Bereich nennt man es Begehren, wer sich nach Drogen, legalen wie illegalen, sehnt, nennt es Craving.

Dieser Zustand ist einer der **stärksten Kräfte** in unserer Psyche, er kann bewirken, dass wir Berge überwinden, eine langwierige Ausbildung beginnen, Kunstwerke schaffen, einen potenziellen Partner intensiv umwerben, Kette rauchen, drei Liter Eis auf einmal essen oder in Finanzkrisen schlittern. Er kann sich vom **motivierten Begehren** steigern bis zur unbeherrschbaren **Gier**.

Die konsumatorische Phase

Die konsumatorische Phase ist ebenfalls durch ein Lusterlebnis gekennzeichnet, aber dieses Gefühl wird begleitet von einer gewissen Entspannung, dem Gefühl, loslassen zu können. Man hatte solchen Hunger, man hat gejagt und gebraten und jetzt ist der Moment ... Schöön ... puh. Das ist der Moment, wo das Essen gekaut und geschluckt wird, man einen Orgasmus hat, ein Projekt abgeschlossen wird, der Besuch kommt oder die Droge gespritzt, geschluckt oder geschnieft wird. Die konsumatorische Phase schließt die Phase, in der man Appetenzverhalten zeigte, ab. In der konsumatorischen Phase fällt die Motivation, noch weiter zu „jagen", schlagartig ab, denn durch das Wohlgefühl erkennt der Mensch (oder das Tier), dass die Vorbereitungszeit abgeschlossen ist und er bekommen hat, wonach er gesucht hat. Er muss nicht mehr motiviert sein und jagen, er kann loslassen und entspannen. Das Schlaraffenland ist die Phantasie einer ewig währenden konsumatorischen Phase ohne jedes schweißtreibende Appetenzverhalten.

Aus natürlichen Gründen bedingen die beiden Glücksformen einander. Stellen Sie sich vor, Sie hätten genug Geld und Sie könnten jeden Abend essen gehen. Sie bräuchten auch keine aufregende Vorbereitungszeit mehr: Das nimmt ihnen ein Diener oder ein entsprechender Service ab. Jeden Abend werden Sie abgeholt und zu einem ausgesuchten Restaurant gefahren. Es gibt jeden Abend Champagner und jeden Abend werden mehrere Gänge serviert. Unabhängig von jedem Gewichtsproblem – nach kurzer Zeit wären Ihnen Restaurants gründlich langweilig. Vielleicht würden Sie sich in immer raffiniertere Gerichte oder immer erlesenere Genüsse flüchten, aber bald würden auch diese Genüsse schal. Eine mythologische Formulierung für diese Erkenntnis ist die Vertreibung aus dem Paradies. Eva, der in der totalen oralen Versorgung des Paradieses offenbar langweilig geworden ist, tauscht die immerwährende konsumatorische Phase gegen Erkenntnis, Sex, eine ordentliche Familiendynamik und die antizipatorische Phase ein. Von da an, so will es der Mythos, war der Mensch gezwungen, sein Brot im Schweiße seines Angesichts zu verdienen und wie alle Tiere für sein Futter zu „arbeiten".

Eine Voraussetzung für Glück ist, dass man **beide Phasen anstrebt** und nicht zu sehr auf eine von beiden fokussiert. Das gilt ganz besonders, wenn man sich das Ziel selbst aussuchen kann und gleichzeitig das Gefühl hat, die vorbereitenden Tätigkeiten zu beherrschen. Wer leidenschaftlich gerne kocht und dies gut kann, genießt die antizipatorische Phase unter Umständen mehr als das Essen und fokussiert daher stärker auf die antizipatorische Phase. Wer leidenschaftlich gerne isst und vor allem hier sein Vergnügen findet, der fokussiert mehr auf die konsumatorische Phase.

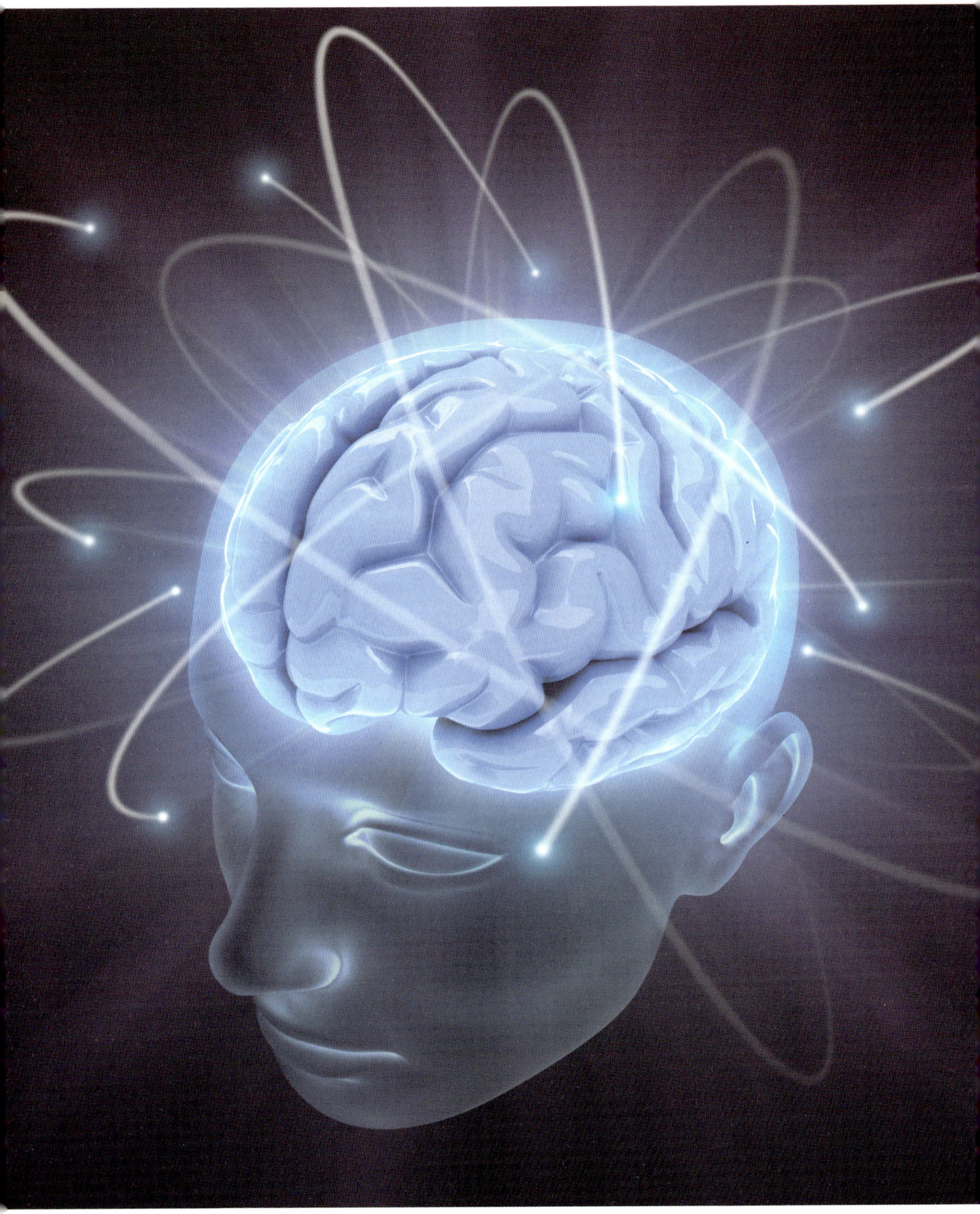

Das Motivationssystem

Das System, das uns motiviert, etwas zu tun, wird von verschiedenen Forschern unterschiedlich benannt. Die meisten nennen es **Belohnungssystem**.

Der Neurobiologe Jaak Panksepp (* 1943), einer der bedeutendsten Emotionsforscher, nennt es aber das Seeking-System, also das Such-System, weil der Begriff „Belohnungssystem“ nach Panksepp in die Irre führt: Dieses System ist nicht primär für Belohnung, sondern für motiviertes Verhalten zuständig. Der Einfachheit halber nenne ich es hier Motivationssystem, auch wenn der holprige Begriff „Seeking-System“ vielleicht genauer beschreibt, was dieses System leistet.

Der Cortex

Das Motivationssystem ist Teil des **limbischen Systems** (beschreibt einen Bereich des Gehirns, der die Verarbeitung von Emotionen und die Entstehung von Triebverhalten umfasst) und arbeitet vollkommen unbewusst. Es stellt die Motivation und Energie für Handlungen bereit, aber es entscheidet nicht, ob diese Handlungen sinnvoll oder nützlich sind. Das ist Aufgabe des Gehirnteils, den man **Cortex** nennt und der sowohl der Erzeugung von „Bewusstsein“ dient als auch Handlungsplanung und Informationsverarbeitung übernehmen kann. Bewusst wird Motivation also im Cortex.

Motivationssystem und Cortex können **zusammen oder gegeneinander** arbeiten. Wenn das Motivationssystem auf unserer Seite ist, ist alles gut. Wir wollen, was wir mögen, und wir haben die Energie, das, was wir mögen, auch zu bekommen. Aber wenn es das nicht ist, wenn wir nicht mögen, was wir wollen, wenn wir Drogen zwar unbedingt wollen, aber die Folgen so gar nicht mögen, ist das ebenfalls eine der schlimmsten Quellen für menschliches Unglück. Es ist daher sehr wichtig, die Eigenschaften dieses Systems etwas besser kennenzulernen, um es dann besser beeinflussen zu können.

Motivation, etwas zu tun, entsteht, sobald der Organismus erkennt, dass in einem oder mehreren der drei Überlebenssysteme ein Mangel herrscht.

Motivation und Bedürfnis

Motivation, etwas zu tun, entsteht, sobald der Organismus erkennt, dass in einem oder mehreren der drei Überlebenssysteme ein **Mangel** herrscht. Das Motivationssystem ist – wie erwähnt – nicht dasjenige System im Gehirn, welches erkennt, dass ein Mangel herrscht. Es ist dafür zuständig zu erreichen, dass auf diesen Mangel mit einer Intensität reagiert wird, die den Mangel wahrscheinlich ausgleicht. Je ausgeprägter der Mangel, desto motivierter ist das Verhalten. Je besser das Bedürfnis befriedigt ist, desto geringer wird die Motivation weiterzumachen. Auch der leidenschaftlichste Koch hört auf zu kochen, wenn er erkennt, dass das Essen fertig ist. Nun gibt es aber Menschen, die trotzdem weiteressen, auch wenn sie eigentlich schon satt sind. Das scheint der These vom Mangel genauso zu widersprechen wie die Erkenntnis, dass manche sehr reiche Menschen immer weiter nach Luxus streben, obwohl sie ja von außen gesehen alles haben.

Eigenschaften des Motivationssystems

Dieses scheinbar widersprüchliche Verhalten kommt jedoch aufgrund bestimmter Eigenschaften des Motivationssystems zustande:

- Menschen sind fähig zu antizipieren, dass sie eventuell bald wieder Hunger haben. Sie tendieren dann dazu, auf Vorrat zu essen, Nahrung trotz mangelnden Hungergefühls einzukaufen oder zu sammeln. Dieses **„Vorwegnehmen“** geschieht in Form meist unbewusster innerer Bilder von Mangel – und darauf reagiert das System ebenso wie auf konkreten Mangel im Hier und Jetzt.

- Das Motivationssystem ist *unspezifisch*. Es ist für alle drei Überlebenssysteme dasselbe. Ob Menschen nun überleben, zur Herde dazugehören oder zur Reproduktion beitragen wollen – es gibt nur ein System, das die Motivation zum Suchen und Handeln bereitstellt. Zwar wird in verschiedenen Gehirnzentren getestet und wahrgenommen, was fehlt, aber wenn etwas fehlt und das Gehirn möchte, dass wir loslegen, wird immer dasselbe System aktiviert. Und das kann zu massiven Verwechslungen führen. Dieses System kann nämlich nicht *sagen*, was es braucht, es kann nur **bestimmte Gefühle produzieren**. Es liegt am bewussten Verstand, diese Gefühle als richtig oder falsch zu interpretieren und entsprechend in die Tat umzusetzen. Aus diesem Grunde können Menschen (und in einigen Fällen auch Säugetiere) essen, wenn sie eigentlich Sex haben möchten oder sich einsam fühlen, oder eben nach Rang und Status streben, wenn sie eigentlich Zuneigung brauchen.

Unterschiedliche Ansätze in der Motivationsforschung

Der Behaviorismus

Verhaltenstherapeuten und Motivationsberater, beide meist *beeinflusst* vom Behaviorismus (Richtung der Psychologie, in der ausschließlich objektive und messbare Verhaltensweisen eines Menschen oder auch eines Tieres herangezogen werden, um Untersuchungen durchzuführen), nehmen nun an, dass wir motiviert sind, etwas zu tun, *weil* wir belohnt werden, und zwar durch die Quantität und Qualität der **Belohnung**. Das Streben nach Belohnung ist die Ursache und ein wie auch immer gezeigtes Verhalten die Wirkung. Wir arbeiten, weil wir den allerneuesten, superschicken iPod, Fernseher usw. haben wollen. Wir arbeiten, weil es in der Karibik so schön ist und wir dort hinfliegen wollen. Wir sind Esel, denen man nur eine Karotte vor die Nase halten muss und schon trotten wir los.

Mangel und Motivation

Aber vermutlich ist es nicht ganz so. Die Forschungen von Jaak Panksepp und anderen weisen in eine ganz andere Richtung. Das Motivationssystem wird durch einen im Gehirn festgestellten **Mangel** in Bewegung gesetzt. Dabei spielt es keine Rolle, ob dieser Mangel nun bewusst oder unbewusst ist. Der Mangel stellt die Motivation bereit, etwas zu tun. Dann erst beginnt man zu planen, wie der Mangel behoben werden könnte, und erst jetzt spielt die Qualität dessen, wonach wir suchen, eine Rolle. Wer hungrig ist und die Wahl hat, der entscheidet sich für eine Nahrung, die ihm in der Vergangenheit schon einmal geschmeckt hat. Der Mangel motiviert und die Handlungsplanung zur Befriedigung des Bedürfnisses richtet sich dann nach erinnerten belohnenden Erfahrungen, die erneut angestrebt werden. Je mehr der Mangel abnimmt, desto mehr nimmt auch die Motivation ab, etwas zu tun. Wer wirklich vollständig satt ist, der ist in aller Regel nicht mehr motiviert, nach Nahrung zu suchen. Wer sich emotional vollständig geborgen und sicher fühlt, strebt nicht mehr so sehr nach Rang oder Status.

Motivation entsteht also *innen* und *unabhängig* von der Qualität oder Quantität einer wie auch immer gearteten *äußeren* Belohnung.

Motivation durch Belohnung

Das in der Tat widerspricht einem der zentralen Konzepte, die wir vom menschlichen Verhalten haben. Die Meinung, dass wir arbeiten, weil uns eine Belohnung winkt, ist universal. Eltern, Lehrer, Personalchefs versuchen immer wieder mit **Belohnung** (guten Noten, Taschengeld, Gehalt, Dienstwagen usw.) zu motivieren, und stellen dann fest, dass dies eben sehr häufig nicht wirkt. Entweder sind Menschen motiviert oder sie sind es nicht.

Es gibt allerdings Führungskräfte und auch Eltern oder Lehrer, die ganz anders motivieren: Sie erzeugen mithilfe von Drohungen und Angst oder mit gezielter Herabsetzung und Demütigung oder Liebesentzug immer wieder einen **künstlichen Mangel** im System „Herde", der die Betroffenen in der Tat dann antreibt, intensiv für die Beendigung des Mangels, für ein Lob oder für Anerkennung, zu arbeiten. Das können ganz offene Misshandlungen sein, aber es kann auch subtil erfolgen und löst bei den Betroffenen häufig das Gefühl aus: Wenn ich mich nur noch mehr anstrenge, wenn ich nur perfekt wäre, könnte ich Mutter/Vater/Lehrer/Chef usw. doch für mich gewinnen. Wenn ich nur ... den Ansprüchen entsprechen könnte – ja, dann wäre ich glücklich.

Ohne Zweifel funktioniert das sehr häufig, und zwar nicht nur bei Kindern, und ohne Zweifel ist das eine **grausame Methode**. Es gibt viele Untersuchungen zur geistigen Gesundheit von Menschen, die man lange genug mit diesen Methoden motiviert hat. Es würde den Rahmen dieses Buches bei

angeblich „besiegt“ haben. Es kommt gewissermaßen zum **Rollentausch**: Die oft unterdrückende Bezugsperson fühlt sich nun selbst extrem ohnmächtig und der Macht des scheinbar sehr starken Willens der anorektischen Person unterworfen. Im extremen Falle opfert die Magersüchtige ihr physisches Überleben, um sich nicht mehr so grässlich unterlegen und an der untersten Rangleiter der Herde fühlen zu müssen. Das Gefühl des Unterworfenseins ist so unerträglich, dass das mögliche Sterben des Hungertodes dem Unbewussten als die bessere Wahl erscheint und prompt setzt es diese Wahl auch – entgegen aller verstandesmäßigen Überlegungen – durch.

Im Falle von Drogenabhängigkeit oder Spielsucht oder anderen Süchten können die Impulse so stark werden, dass man **wider alle Vernunft** (also wider die Erkenntnisse des Großhirns, dass beispielsweise Strafe droht) dennoch handelt. Es ist aus physiologischen Gründen kaum möglich, diesem unbändigen Verlangen in solchen Situationen zu widerstehen. Darum ist es auch sinnlos, Drogensüchtige zu bestrafen.

Es ist also nicht möglich, die Anforderungen eines der Überlebenssysteme ständig zu ignorieren, denn wenn der Mangel zu groß wird, werden alle verstandesmäßigen Überlegungen überrollt. Man kann zwar die Situation dann immer noch klar analysieren, handelt aber nicht mehr danach.

Genuss und Wohlbefinden als Stoppsignale

Wichtig ist jedoch auch, dass die tieferen Gehirnzentren, die die Motivation bereitstellen, auch mitbekommen, wenn der **Mangel aufgehoben** ist. Genauso wie das immerwährende Schlaraffenland krank machend ist, ist es die immerwährende Jagd.

Es wird also ein **Stoppsignal** benötigt. Und dieses Stoppsignal ist das Erlebnis der **Lust** und des **Wohlbefindens** während der konsumatorischen Phase. Genuss ist ein Signal, dass der Organismus bekommen hat, was er braucht, und dass die Jagdphase daher abgeschlossen werden kann. Dies ist ein Signal für Entspannung, Ruhe und Loslassen.

Es gibt Menschen, die aus psychologischen Gründen vor Ruhe und Entspannung **Angst** haben. Diese Menschen sorgen dafür, dass sie ständig auf der Jagd sind, was zu erheblichen Formen von **Unglück** führt. Denn irgendwann muss auch Entspannung sein und diese wird dann vielleicht durch beruhigende **Drogen** wie Alkohol, Essen oder harte Drogen wie Ecstasy herbeigeführt. Ebenso gibt es Menschen, die aus psychologischen Gründen Angst vor der Jagd haben, vielleicht, weil sie die dafür notwendigen Fähigkeiten nicht haben.

Das Lustgefühl

So wie es nur ein Motivationssystem für alle drei Überlebenssysteme und für sämtliche damit zusammenhängenden Tätigkeiten gibt, so ist auch das **Lustgefühl** der konsumatorischen Phase unspezifisch. Der Genuss beim Löschen des Durstes ist ähnlich dem Genuss beim Stillen des Hungers. Was den Unterschied in der Wahrnehmung macht, ist, von welchen **Sensoren** die Signale gesendet werden. Bei Essen oder Trinken sind es bestimmte Sensoren auf der Zunge, bei einer Massage die Drucksensoren der Haut.

Solange es direkte Signale sind, ist die Entschlüsselung auch relativ einfach. Wem kalt ist, der genießt es, wenn es wieder warm wird, und er weiß dann, dass es nicht noch wärmer werden muss. Gleiches gilt für Sexualität. Etwas problematisch dagegen ist es, wenn die angenehmen Gefühle durch **Symbole** ausgelöst werden sollen: Der menschliche Körper hat für Geld beispielsweise keine Sensoren, er kann sich nur vorstellen, sich nur **innere Bilder** machen, ob es das nun ist, was sein Organismus braucht oder nicht. Hier ist dann viel Spielraum für Interpretationen vorhanden. Und da auch das Motivationssystem unspezifisch ist, kann es zu **Fehlinterpretationen** kommen, die dazu führen, dass man immer weiter dem sozialen Aufstieg hinterherjagt, weil man sich eigentlich als Kind ungeliebt gefühlt hat und jetzt gerne mehr Zuneigung hätte.

Glück entsteht also, wenn man sowohl die antizipatorische Phase als auch die konsumatorische Phase erlebt, wenn es möglich ist, einen eventuellen Mangel auch tatsächlich zu beheben und wenn das Wollen und das Mögen in dieselbe Richtung weisen. Dieser Vorgang wird durch körpereigene Stimmungsmacher geregelt.

Exkurs: Das menschliche Gehirn als Schaltzentrale für die Motivation

Das neurale System, das den Menschen motiviert, in einem der drei Systeme für **Bedürfnisbefriedigung** zu sorgen, ist entwicklungsphysiologisch ein altes System. Alle Säugetiere teilen es sich – von der Maus bis zum Menschen.

Das Motivationssystem, das hier beschrieben worden ist, wird auch das **mesolimbisch-mesokortikale dopaminerge System** genannt. Es nimmt seinen Ursprung im **Mittelhirn**, einem Kern, der als das **ventrale tegmentale Areal (VTA)** bezeichnet wird. Das ventrale tegmentale Areal ist ein Gebiet des Gehirns, das zusammen mit anderen in der Nähe gelagerten Zentren für Bewegung, Handlungssteuerung und Handlungsbewertung wichtig ist.

Die Neuronen, die im VTA entspringen, ziehen zur **Amygdala**. Die Amygdala ist ein Kern (wird auch als Mandelkern bezeichnet), der für zahlreiche Funktionen zuständig ist, besonders aber für die emotionale Bewertung von Sinneseindrücken. Ein Teil der Neuronen erreicht dann einen wichtigen Endpunkt, den **Nucleus accumbens**. Andere Nervenfasern ziehen weiter bis zum **präfrontalen Cortex**, dem vordersten Teil des Stirnlappens.

Der **Nucleus accumbens** ist der Kern des Motivationssystems. Dieser Nucleus erhält ständig Informationen aus verschiedenen Gehirnzentren. Er integriert diese Informationen und sendet ein **motivierendes Signal** an den präfrontalen Cortex, etwas zu tun, um das wahrgenommene Bedürfnis zu befriedigen. Der Nucleus accumbens ist nicht in die Entscheidung eingebunden, *ob* etwas geschehen soll, er sorgt dafür, *dass* wir handeln und mit welcher Intensität wir handeln *wollen*.

Der präfrontale Cortex ist der Teil des Gehirns, der uns erlaubt, ein **Ich-Bewusstsein** zu haben und Handlungen zu planen. Das ist der Gehirnteil, der am deutlichsten mit dem assoziiert ist, was man den **Verstand** nennt. Nach Meinung vieler Biologen ist dies der Gehirnteil, der Menschen erst zu einer Persönlichkeit macht. Allerdings wohl nicht allein, denn geistige und verhaltensmäßige Leistungen des Menschen sind über viele Gehirnteile verteilt.

Die körpereigenen Stimmungsmacher

Der präfrontale Cortex gilt als einer der höchstentwickelten Hirnteile, er wird aber massiv durch **Botenstoffe** wie **Noradrenalin, Serotonin** und **Dopamin** beeinflusst, Botenstoffe, die von Kernen produziert werden, die in sogenannten tieferen oder weniger entwickelten Teilen des Gehirns sitzen. So auch im Falle des mesolimbisch-mesokortikalen Systems. Die Neuronen im ventralen tegmentalen Areal produzieren Dopamin.

Präzision und Steigerung: Das Dopamin und seine Funktion

Dopamin ist ein simples Molekül. Aber es hat ungeheure Auswirkungen auf unser **Fühlen** und **Verhalten**.

Wenn wenig Dopamin produziert wird, sind Menschen **passiv** und haben subjektiv das Gefühl, über **wenig Energie** zu verfügen. Im schlimmsten Falle fühlen sich wie in einer unabänderlichen Erstarrung. Wenn der Dopaminspiegel ein bisschen sinkt, fühlt sich das an wie Langeweile. Dopamin scheint wie ein Filter zu wirken: Mit sehr **wenig Dopamin** kommen nur die allerwichtigsten Botschaften ins Bewusstsein, man hat nicht den Eindruck, als wäre irgendetwas wichtig. Wenn der **Dopaminspiegel hoch** ist, hat man das Gefühl, man wäre zu allem fähig. Eine Droge wie Kokain stimuliert das dopaminerge System und vermittelt ein kurzzeitiges Gefühl von Allmacht.

Wann wird Dopamin ausgeschüttet?

Dopamin wird dann **vermehrt ausgeschüttet**, wenn etwas Motivierendes eintritt. Die Dopaminausschüttung ist gekoppelt an jede aufregende Aktivität wie Sex, Sport, jegliche Form von Konkurrenzsituation, jegliche fordernde Aufgabenstellung. Bereits der Gedanke an eine solche Situation sorgt dafür, dass Dopamin ausgeschüttet wird. Der Herzschlag erhöht sich sofort. Die Koordination der Muskeln wird optimiert. Das bewirkt eine größere physische Beweglichkeit und die Kraft, schneller zu rennen, höher zu springen und sich mit mehr Energie zu bewegen.

Dopamin treibt die Übermittlung von Nervenimpulsen von einem Neuron zum nächsten an und fördert somit nicht nur die Geschwindigkeit des Denkens und physischer Reaktionen, sondern auch deren **Präzision**. Mit erhöhten Mengen von Dopamin arbeitet der Geist intensiver an der Problemlösung. Wir denken und sprechen schneller.

Dopamin steigert unsere Fähigkeit, uns auf unsere Sinne zu konzentrieren, da es in der Lage ist, die Aufmerksamkeit im Gehirn zu fokussieren. Die **zentrale Funktion** von Dopamin liegt darin, den Motivationszustand zu steigern und somit die Verarbeitung von sensorischem Input zu beschleunigen und zu präzisieren. Dopamin vermindert die Schwelle für Assoziationen – Assoziationen werden somit schneller zugelassen. **Hohe Spiegel** von Dopamin befähigen einen, auch noch die geringsten Spuren in der Landschaft, die auf ein jagdbares Tier hindeuten, wahrzunehmen. In komplexeren Fällen befähigt ein hoher Dopaminspiegel, weit verstreute Eindrücke, Gedanken und Gefühle zu assoziieren (= miteinander zu verbinden), die zu einer Problemlösung beitragen könnten. Kreative Menschen können das für

Kunstwerke oder wissenschaftliche Erkenntnisse nutzen. Im Falle der Schizophrenie gerät dieser Mechanismus jedoch außer Kontrolle, und man assoziiert die Fliege auf dem Fernseher mit einer Verfolgung durch den Geheimdienst. Man beginnt unter dem Einfluss von Dopamin auch vermehrt Kausalitäten herzustellen (dieses ist die Ursache dafür, dass ich jenes bekommen habe). Sehr hohe Dopaminspiegel werden daher auch mit magischem Denken in Verbindung gebracht. Alles, was eine Dopaminausschüttung bewirkt, hat im Erleben eines Menschen eine hohe Priorität.

Dopamin ist zudem notwendig, um die Reaktionen zu lernen, die für das **Überleben** erforderlich sind. Das heißt: Bei einem hohen Dopaminspiegel lernt man die Verbindung zwischen einem Symbol und dem gewünschten Objekt oder Gegenstand oder auch einer befreienden Lösung besonders gut. Je mehr Dopamin im Gehirn zirkuliert, desto getriebener fühlen sich Menschen. Im Tierversuch konnte gezeigt werden, dass Ratten, die völlig „übermotiviert" waren, zwischen verschiedenen Tätigkeiten sinnlos hin- und herwechselten: Einmal tranken sie, und wenn man ihnen das Trinken wegnahm, dann paarten sie sich. Unterbrach man das, dann versorgten sie ihre Jungen, und als diese von den Ratten entfernt worden waren, dann begannen sie wieder, ein bisschen zu fressen. Wenn man durch Reizung bestimmter Hirnzentren die Dopaminausschüttung ankurbelte und so künstlich eine dringliche „Motivation" erzeugte, war es den Tieren irgendwann egal, wozu sie eigentlich motiviert waren.

Dopamin fördert zudem das **Schwarz-Weiß-Denken**. Grautöne, die für das Erreichen eines Zieles nicht wichtig sind, werden nicht mehr gut wahrgenommen. Das macht es sehr schwer, wenn ein Ziel erst einmal als wichtig akzeptiert wurde, sich die Muße zu nehmen, um über das Ziel an sich nachzudenken.

Die Dopaminkonzentration im Nucleus accumbens ist **hoch** in Phasen, in denen ein Tier oder Mensch Nahrung oder einen Sexualpartner sucht, dafür arbeitet und ein lustvolles Ergebnis antizipiert. Dopamin belohnt selbst nicht, stellt aber eine Belohnung durch hirneigene Opiate in Aussicht.

„Ich will es haben"

Der **Nucleus accumbens** ist die zentrale Schaltstelle, die darüber entscheidet, ob wir motiviert sind oder nicht, und dieser Kern sendet mithilfe von Dopamin seine Botschaft ans Großhirn: Geh los. Geh jagen, besorg dir, was du brauchst. Dieses System sorgt für Gefühle wie Neugier, Interesse, die Suche nach Aufregung und nach Sinn. Es initiiert einen Zustand, in welchem wir auf die Jagd gehen und nichts mehr sehen, außer Spuren. **„Ich will es haben"** heißt dieser Zustand und wird gefühlsmäßig erlebt als Begehren oder sogar Gier. Der Cortex beginnt sich unterzuordnen und plant Handlungen entsprechend. Zusätzlich treibt Dopamin auch das motorische System an. Es sorgt also dafür, dass Befehle an die Muskulatur weitergegeben werden.

Dopamin ist der Transmitter der Phase eins, des Appetenzverhaltens. Die Intensität des Begehrens entspricht dem Ausmaß des Mangels, und Dopamin sorgt dafür, dass wir losgehen und jagen. Der Nucleus accumbens ist nicht fähig zu entscheiden, ob es sinnvoll ist, wozu er uns motiviert. Wenn andere Gehirnteile meinen, Drogen oder Zigaretten wären eine gute Lösung für einen Mangel an Geborgenheit, tut der Nucleus accumbens seinen Job. Er sorgt mit der Kraft eines Organs, das für das Überleben zuständig ist, dafür, dass wir rauchen, schniefen, spritzen oder eben essen, Sex haben, lernen und Kinder bekommen.

Wenn die Motivation einmal ausgelöst ist, kann sie bis zu einer gewissen Grenze vom Großhirn gestoppt werden, nämlich durch die Erkenntnis, dass das Bedürfnis befriedigt worden ist. Viel einfacher geht es jedoch, wenn wir fühlen, dass wir haben, was wir brauchen. Und dafür sind die Gefühle der Phase zwei zuständig.

Entspannung und Ruhe: Das Serotonin und seine Funktion

Für die Glücksgefühle in Phase zwei, der konsumatorischen Phase von Verhalten, sind andere Botenstoffe zuständig. Das sind, wie schon erwähnt, Serotonin und (Beta-)Endorphin.

Serotonin hat dabei die Aufgabe, den vom Nucleus accumbens ausgelösten Motivationszustand zu *stoppen*.

Serotonin wird in den sogenannten Raphe-Kernen produziert, die genau wie das VTA im Mittelhirn liegen. Es handelt sich um relativ große Neuronen mit zum Teil enorm langen, vielfach verzweigten Fortsätzen, die in alle Bereiche des Gehirns ziehen. Zwei der Faserstränge erreichen die Amygdala und den Nucleus accumbens.

Das serotonerge System hat der Neurobiologe Gerald Hüther mit einem gigantischen **Bewässerungssystem** verglichen, weil so sehr viele Gehirnteile angeregt werden und praktisch alle Verhaltensweisen, die Menschen zeigen können, von Serotonin beeinflusst werden können.

Im **emotionalen Bereich** sorgt Serotonin für angenehme und entspannende Gefühle. Es beruhigt und erzeugt Wohlgefühl („Entspanne dich, es ist alles gut!"). Serotonin bestimmt auch mit, wie bedeutsam ein Reiz oder eine Information eingeschätzt wird. Wird die Bedeutung eines Objektes gesteigert, steigt Dopamin an. Soll die Bedeutung eines Objektes hingegen vermindert werden, muss der Serotoninspiegel steigen.

Serotonin sorgt für das Bedürfnis nach einem Abschluss, dem Beenden einer Aufgabe, nach Ruhe.

Während Dopamin den Fluss der Informationen erleichtert, begrenzt Serotonin diesen. Das Wechselspiel beider Transmitter bestimmt somit die Bewusstseinshelligkeit, also ob wir wach und extrovertiert oder eher gedämpft und introvertiert sind.

Serotonin sorgt für das Bedürfnis nach einem **Abschluss**, dem Beenden einer Aufgabe, nach Ruhe. Serotonin ist notwendig, um Stimmungen zu regulieren, die Aufmerksamkeit auf etwas Bestimmtes zu richten und kognitive Flexibilität herzustellen.

Ein **hoher Serotoninspiegel** hilft bei der Bewältigung aller stressigen Situationen, indem er die Impulskontrolle verbessert – das heißt, die eigenen Fähigkeiten stehen einem im gegenwärtigen Moment tatsächlich zur Verfügung und man handelt lösungsorientiert. Über das Gefühl von Wohlbefinden hinaus transportiert ein hoher Serotoninspiegel auch das Gefühl persönlicher Sicherheit, Vertrauen und Selbstachtung. Alle positiven Emotionen wie Zufriedenheit und Freude sind mit einem normalen bis leicht erhöhten Serotoninspiegel verbunden. Serotonin verstärkt Gefühle und Glaubenssysteme, die auf Optimismus, Selbstwert, Entspannung und Sicherheit beruhen.

Wann wird Serotonin ausgeschüttet?

Ist der Serotoninlevel optimal, sind die Menschen entspannt. Sie empfinden nur sehr selten Angst und Furcht. Serotonin wird **nach dem Essen** ausgeschüttet – besonders nach dem Verzehr von Kohlenhydraten. Daher plant der Koch während des Fünf-Gänge-Menüs eine zuckrige Nachspeise ein. Serotonin wird auch nach dem Orgasmus ausgeschüttet (zusammen mit Endorphinen, Enkephalinen und anderen Botenstoffen, zum Beispiel Oxytocin). Serotonin wird auch ausgeschüttet, wenn Menschen sich **geborgen** und gebunden fühlen, ebenso bei Streicheleinheiten. Es wird ausgeschüttet, wenn wir im sozialen Rang einer Herde steigen und es sinkt, wenn wir absteigen oder es so wahrnehmen, dass wir absteigen. Daher wird ein Absinken im sozialen Rang häufig emotional mit einem Verlust des Selbstwertgefühls verbunden. Serotonin begleitet die Wahrnehmung, einen Erfolg zu haben und etwas abgeschlossen zu haben.

Wenn Dopamin für das Signal „Du willst es haben – handle“ steht, dann steht Serotonin für das Signal „Du hast es schon – stoppe dein aktuelles (Such-)Verhalten“. Wenn also der Mangel behoben ist, sorgt die Natur dafür, dass wir von selbst wieder aufhören, zu essen oder Sex zu haben und uns anderen Dingen zuwenden können. Der hier dargestellte Mechanismus ist natürlich eine Vereinfachung der unendlich komplexen Zustände und Mechanismen, mit denen das Gehirn menschliches Verhalten und Empfinden regelt.

Hoffnungslosigkeit als Motivationshemmer

Es gibt eine Situation, in der sowohl der **Serotoninspiegel niedrig** als auch der **Dopaminspiegel niedrig** ist. Das tritt ein, wenn man die Möglichkeiten und/oder seine äußere Situation zu Recht oder zu Unrecht als hoffnungslos beurteilt.

Das Urbeispiel dafür ist der **Jäger**, der in der Höhle saß und Hunger hatte, aber die Wölfe bereits unmittelbar vor der Höhle jaulten, sodass er keine Überlebenschance gehabt hätte. In solchen Situationen ist man nicht motiviert, nach draußen zu gehen, und der Nucleus accumbens sendet auch keine motivierenden Impulse mehr oder nur noch wenig, weil der Dopaminspiegel niedrig ist. Gleiches gilt für soziale Situationen, beispielsweise bei Arbeitslosigkeit. Solange jemand seine Situation als **hoffnungslos** einschätzt, ist er nicht mehr motiviert, irgendetwas zu tun und fühlt sich nur noch mies, bleibt aber passiv. Das ist eine Situation, in der sehr häufig ersatzweise Drogen genommen werden.

Serotonin vermittelt ein Gefühl von Wohlbefinden und Entspannung, aber der eigentliche Glücksbotenstoff des Gehirns, der Botenstoff, der wirklich belohnt und uns die guten Gefühle verschafft, sind **Endorphine** und **Enkephaline**.

Die wichtigsten Neuropeptide: Endorphine, Enkephaline, Dynorphine

Das limbische System produziert auch sogenannte endogene Opiate, das sind Endorphine und Enkephaline. Wenn das limbische System etwas gar nicht gut findet, produziert es zudem Dynorphine, sozusagen das negative Gegenstück zu den Endorphinen.

Wenn das mesolimbische System Endorphine, Enkephaline oder Dynorphine produziert hat, werden sie im Gehirn verteilt und erreichen auch die Großhirnrinde. Je nach Menge und Art der produzierten Substanzen fühlt sich der Mensch glücklich, euphorisch, ekstatisch oder schrecklich (Dynorphine). Endorphine und Enkephaline gehören ebenso wie Dynorphine zur Gruppe der **Neuropeptide**. Es sind opiumähnliche Stoffe, die vom Körper, im Unterschied zu Opium oder Morphium, selbst produziert werden. Heute werden Enkephaline, Endorphine und Dynorphine als **Opioide** bezeichnet. Mit Endorphinen **belohnt** sich das Gehirn, wenn etwas passiert, was für das Überleben des Organismus sehr günstig war oder etwas geleistet wurde, was eine Belohnung verdient, beispielsweise das Finden einer sehr guten Lösung. Auf diese Weise wird die Lösung, die Erfahrung, die Verhaltensweise als „gut" markiert. Das Gehirn kann durchaus der Meinung sein, dass das Finden eines guten Restaurants eine sehr gute Lösung ist und daher wird der Name des Restaurants dann unauslöschlich mit Lustgefühlen verbunden. Wir erinnern uns später umso besser an den Namen. (Übrigens: Noch besser erinnern wir uns, wenn die Mahlzeit schlecht war.) Das, was einmal als sehr „lustvoll" oder „gut" markiert wurde, bestimmt die spätere Handlungsplanung mit – und zwar sehr häufig unbewusst. Man geht immer wieder in ein bestimmtes Restaurant und weiß eigentlich gar nicht so recht, warum ... aber irgendetwas erinnert einen in diesem bestimmten Restaurant an etwas, was einmal gut oder lustvoll war.

Das macht im Falle eines Restaurantbesuches vergleichsweise wenig, aber unter Umständen werden auch lebensbestimmende Entscheidungen so getroffen. Und, wenn eine Tätigkeit oder ein Ereignis im Unbewussten nicht als gut markiert ist, kann der Verstand noch so lange und ausführlich Pläne machen – die Motivation, sie auch auszuführen, bleibt bescheiden. Wenn wir motiviert sind, sind wir motiviert, nach dem zu streben, was unser limbisches System einmal gut fand, nicht nach dem, was der Chef vielleicht gut fände.

Opioide unterscheiden sich von anderen Neuropeptiden in zwei Eigenschaften. **Erstens**: Sie werden im Zellkörper hergestellt (s. auch Kasten, ab *Seite 54*) und nicht in den Synapsen des Axons einer Zelle. Wenn also eine Ladung Opioide zu den Zell-Enden transportiert und ausgeschüttet worden ist, braucht der Zellkörper eine gewisse Zeit, um sie zu ersetzen. **Zweitens**: Sie werden auch nicht, wie Serotonin oder Dopamin, wieder aufgenommen, wenn sie ihre Wirkung gezeigt haben, und zwecks Wiederverwendung in die ausschüttenden Synapsen zurücktransportiert. Auch das schränkt die Menge der verfügbaren Opioide stark ein. Die Natur wollte also nicht, dass man sich pausenlos glücklich oder schrecklich fühlt. Das wäre ja auch falsch, denn **Glück** ist ja letztlich ein Signal an den Organismus, dass er bekommen hat, was er braucht und daher ein Stoppsignal. Es kann ja keinen Sinn haben, dass der Organismus dauernd gestoppt wird, schließlich entsteht ein Mangel natürlicherweise permanent neu und muss permanent neu befriedigt werden.

Solche Markierungen von Ereignissen als gut oder schlecht sind subjektiv und damit fehleranfällig, aber sie machen uns **handlungsfähig**. „Es war gut" bedeutet, wir wissen, dass wir es wieder versuchen und aufsuchen werden, was auch immer gut war. „Es war schlecht", es wurden Dynorphine ausgeschüttet, bedeutet: Wir werden es künftig wahrscheinlich sein lassen.

Wir haben nicht die Lebenszeit, vor jeder neuen Entscheidung hinsichtlich dessen, was wir tun und was wir lassen werden, jede einzelne Erfahrung genauestens zu erinnern und in Hinblick auf mögliche künftige Konsequenzen auszuwerten. Interpretationen, wenn sie stimmig sind, sind sinnvolle Abkürzungen.

Bei schlechter Interpretation eines Erlebnisses werden in unserem Gehirn Dynorphine ausgeschüttet, die dann das Erlebte als negativ markieren.

Sinnvolle **Interpretationen** sind hilfreich, aber schlechte Interpretationen sind es nicht. Es könnte sein, dass die Prüfung schlecht lief, weil der Prüfer gerade genervt war, weil seine Ehefrau am Frühstückstisch verkündet hatte, sie würde sich demnächst scheiden lassen. Wenn wir dann, ersatzweise für die Ehefrau, abgekanzelt wurden, werden in *unserem* Gehirn Dynorphine ausgeschüttet und das Erlebnis „Prüfung" wird als negativ markiert. Eventuell beeinflusst so etwas unser ganzes Leben.

Die Fähigkeit des menschlichen Gehirns, Erfahrungen zu bewerten und später diese Bewertung zu erinnern und in entsprechende Handlungsplanungen bewusst, meist aber unbewusst, einfließen zu lassen, ist ungeheuer wichtig und nützlich. Aber sie kann ins Desaster führen – ebenso wie ins Glück.

In dem **folgenden Überblick** werden die wichtigsten Zusammenhänge dessen, was im Gehirn und in den Nervenzellen geschieht, zusammengefasst und erklärt. Das bildet die Grundlage zum Verständnis der verschiedenen Begriffe wie Serotonin, Dopamin, Rezeptoren usw.

Botenstoffe

Neurotransmitter, Neuropeptide, Neurohormone, Hormone usw. kann man unter dem Begriff „Botenstoffe" zusammenfassen, denn sie alle überbringen im Gehirn und im Körper Informationen. Neurotransmitter sind Botenstoffe, die Nachrichten zwischen zwei Nervenzellen übertragen.

Im Gehirn existieren Milliarden von **Nervenzellen** – kein Forscher weiß exakt, wie viele. Um Gedanken und Verhalten hervorbringen zu können, müssen diese Nervenzellen miteinander kommunizieren. Das geschieht folgendermaßen: Jede Nervenzelle hat mehrere „Arme", sogenannte **Dendriten**, und einen etwas längeren Fortsatz, ein **Axon**. Das Axon ist der Sender der Nervenzelle, die Dendriten, sind die Empfänger. Das Axon einer Nervenzelle kann sehr unterschiedlich lang sein, bei manchen ist das Axon so lang, dass Signale bis in weit entfernte Gebiete im Gehirn zu anderen Nervenzellen weitergegeben werden können.

Der synaptische Spalt

Nervenzellen sind nicht miteinander verschaltet wie elektrische Drähte. Zwischen Sender und Empfänger befindet sich ein winziger **Spalt**. Dieser Spalt muss „irgendwie" überwunden werden, daher wird zwischen zwei Nervenzellen der elektrische Impuls in ein chemisches Signal umgewandelt.

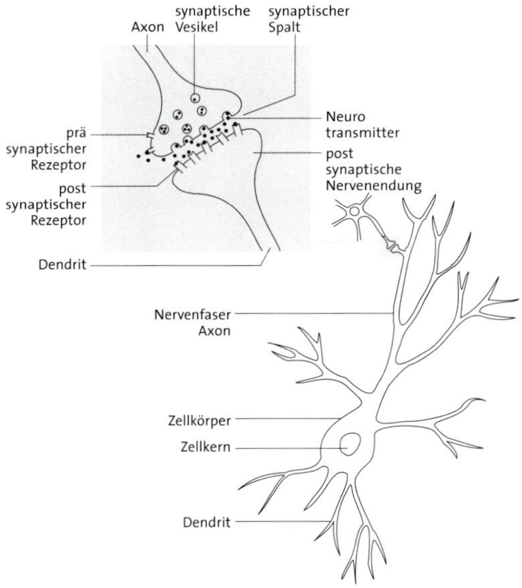

Es gibt in Gehirn und Körper also zwei „Sprachen": die elektrische und die chemische.

Diese chemischen Signale, die den winzigen synaptischen Spalt überbrücken, sind die Neurotransmitter bzw. Neuromodulatoren.

Innerhalb des synaptischen Spaltes geschieht die Kommunikation auf folgendem Wege: Die Sender- und die Empfängerzelle haben jeweils am Ende kleine Ausstülpungen, in denen Botenstoffe aufbewahrt und „losgeschickt" werden. Diese Ausstülpungen sind hoch komplizierte, winzig kleine Organe, richtige Wunderwerke der Natur und heißen „Synapsen".

Wenn ein Impuls am Ende eines Axons ankommt, schüttet die Synapse des Senders Botenstoff aus, und durch den Spalt schwimmt dieser Botenstoff zur Synapse der Empfängerzelle. Die von der Sender-Synapse ausgeschüttete Menge des jeweiligen Botenstoffes entspricht der Intensität, mit der die sendende Nervenzelle feuert. Wenn ein Neuron stark feuert, wird am Ende des Axons mehr Botenstoff ausgeschüttet, wenn es nur wenig feuert, wird auch nur wenig Botenstoff gebraucht. An der gegenüberliegenden Seite wird der Botenstoff eingefangen durch sogenannte Rezeptoren.

Rezeptoren

Die gegenüberliegende Nervenzelle hat an den Synapsen ihrer Dendriten Rezeptoren, an denen der Botenstoff **andocken** kann, so wie ein Schlüssel in ein bestimmtes Schloss passt. Im Gehirn und im Körper schwimmen nämlich sehr viele unterschiedliche Botenstoffe herum. Würde jeder Botenstoff einfach an jeder Zelle andocken können, wäre das so, als wenn in einer Gruppe von 1000 Menschen alle durcheinanderreden, ohne dass einer auf den anderen hört. Daher ist strikt geregelt, welcher Botenstoff welche Nachricht überbringt, indem nur der Botenstoff andocken darf, der auch den passenden Rezeptor findet. Wenn der Botenstoff angedockt hat, ist die Botschaft überbracht und die Zelle beginnt, irgendein Verhalten zu zeigen. Sie könnte ein Aktionspotenzial weitergeben, sie könnte feuern, sie könnte auch gehemmt werden und gerade nicht feuern. Oder sie verwendet das Signal, um zum Beispiel bestimmte Moleküle zu produzieren. Das kommt ganz auf Zelle und Botenstoff an. Den Botenstoff, der zu den Rezeptoren passt, nennt man den **Liganden** des Rezeptors.

Erst durch das Zusammenwirken von Rezeptor und Liganden entsteht die Nachricht – der Botenstoff allein ist also nicht die Botschaft.

Man weiß heute, dass weit verstreute Zellgruppen und Gehirnteile in Netzwerken zusammenarbeiten, um ein Verhalten, ein Gefühl, einen Gedanken hervorzubringen.

Einige Neurotransmitter übertragen nicht nur einfach Signale, sie beschleunigen oder verlangsamen auch die Rate, mit der das Empfängerneuron feuert. Diese Neuronen geben ihre Botenstoffe in den Raum zwischen den Zellen ab, wo sie an Synapsen der entsprechenden Neuronen andocken und die Wirkung anderer Neurotransmitter beeinflussen. Daher heißen diese Botenstoffe auch **Neuromodulatoren**. Botenstoffe können in manchen Gehirnteilen als

Neurotransmitter fungieren und in anderen als Neuromodulator. **Dopamin**, **Serotonin**, **Noradrenalin** und **Acetylcholin** sind solche Neuromodulatoren, die zusammen mit Botenstoffen, die Neuropeptide und Neurohormone genannt werden, eine tief greifende Auswirkung auf das Seelenleben haben. Dopamin, Serotonin und andere Neuromodulatoren arbeiten im Bereich von Sekunden, das ist im Gehirn eine recht lange Zeit. **Endorphine** und **Dynorphine** sind Neuropeptide. Sie wirken im Bereich von Minuten.

Tausende oder sogar Millionen von Nerven verbinden sich zu sogenannten „Kernen", wie beispielsweise der Nucleus accumbens. (Nucleus ist lateinisch und bedeutet Kern.)

Das Wechselspiel zwischen Signalübertragung und Modulation der Signalübertragung macht eine flexible Anpassung an die Umgebung, in der ein Mensch lebt, möglich. Denn dadurch kann das Verhalten, mit dem er auf diese Umgebung reagiert, je nach Notwendigkeit beeinflusst werden. Gäbe es im Gehirn nur einfache elektrische Drähte wie beim Stromkreislauf, die fest verschaltet sind, dann könnte es nur eine einzige „verdrahtete" Reaktion geben, und wenn diese nicht mehr günstig ist, würden dem Individuum keine Anpassungsmöglichkeiten mehr zur Verfügung stehen. Es würde – in einer natürlichen Umwelt – aussterben.

Up- und Down-Regulation

Die Effizienz der Signalübermittlung zwischen einzelnen Neuronen hängt nicht nur von der Menge des verfügbaren Botenstoffes ab, sondern eben auch davon, wie viele Rezeptoren sich auf den verschiedenen Synapsen angesiedelt haben.

Je nachdem, wie viele Transmitter zur Verfügung stehen, kann die Zelle die Zahl der Rezeptoren für einen bestimmten Botenstoff **herauf- oder herabsetzen** und damit den Transmitter entweder intensiv oder weniger intensiv „nutzen". Wenn die Zahl der Rezeptoren heraufgesetzt wird, nennt man das „Up-Regulation", wird sie herabgesetzt, „Down-Regulation". Wenn das Gehirn längerfristig mit einem Transmitter überschwemmt wird, regelt es die Zahl der Rezeptoren herunter, sodass der Transmitter weniger wirksam wird. Umgekehrt gilt: Wird über einen längeren Zeitraum eine geringe Menge eines Transmitters ausgeschüttet, erhöht das Gehirn die Zahl der Rezeptoren, um noch das letzte Restchen Transmitter auszunutzen, und so potenziert sich die Wirkung des jeweiligen Transmitters.

Endorphine: Stresshilfen und Glücksboten

Wir stammen nicht aus der Welt, in die wir heute geboren werden. Das Leben in den Jahrmillionen, bis der Kühlschrank, die Sozialsysteme und das Handy erfunden waren, war kurz, karg und häufig grausam. Es war beherrscht von Kälte, Hunger, Schmerz ... Es war beherrscht von dem, was wir heute **Stress** nennen.

Stress als Glückshemmer

Stress ist, wenn unser Körper aus der normalen homöostatischen Balance gerät, aus einem stabilen Zustand in einen instabilen Zustand wechselt. Wer erfriert, gerät aus einem stabilen Zustand, in welchem er die benötigte Körperwärme aufrechterhalten konnte, in einen instabilen Zustand, in welchem die Körperzellen absterben.

Ein **Stressor** ist alles, was die normale Balance des Körpers aus dem Gleichgewicht bringt, und die **Stressreaktion** ist all das, was der Körper tut, um die Balance wiederherzustellen. Ein Stressor kann von außen kommen (z.B. ein wildes Raubtier), beim Menschen aber auch von innen – so sind z.B. schmerzliche Erinnerungen ebenfalls Stressoren. Stressoren können physikalischer Natur (z.B. Kälte, Gewehrkugeln), chemischer (z.B. Gifte: Nikotin, Alkohol, Drogen oder Umweltgifte) oder emotional/psychologischer Natur (Erinnerungen, negative Energien anderer Menschen) sein.

Wenn ein Stressor einen Menschen überfordert, kann er den Menschen **krank machen** oder sogar tödlich sein. Eine Gewehrkugel überfordert die Fähigkeit des Körpers zu reagieren so massiv, dass man unter Umständen stirbt. Wenn es schon zu einer Überforderung gekommen ist, diese aber noch nicht tödlich war, können Stressoren krank machend wirken. Es ist wichtig zu wissen, dass beim Menschen der Körper auf Erinnerungen genauso reagiert wie auf chemische oder physikalische Stressoren. Es gibt eine physische Reaktion auf psychologische Gegebenheiten. Die entsprechenden Erinnerungen müssen nicht bewusst werden.

Die Stresshormone Cortisol und Adrenalin

Sobald das Gehirn einen Stressor registriert (zuerst die Amygdala, die eine instinktive Reaktion auslösen kann, dann, eine Sekunde, später der Cortex, der die Situation zusätzlich beurteilt), veranlasst es den Körper (genauer die Nebennierenrinde), die Hormone **Cortisol** und **Adrenalin** zu produzieren und auszuschütten. Die Aufgabe dieser Hormone ist es, den Organismus für Belastungen fit und handlungsbereit zu machen. Cortisol wird den ganzen Tag über in regelmäßigen Schüben ausgestoßen, sonst wäre man keiner einzigen Aufgabe mehr gewachsen. Bei Stress aber wird vermehrt Cortisol ausgeschüttet.

Insgesamt schaltet der Körper bei Stress von Wachstum und Speicherung von Energiereserven auf **Schutz** bzw. akute Gefahrenbewältigung um.

Im körperlichen Bereich sorgen Cortisol und Adrenalin dafür, dass vermehrt gespeicherter Zucker (Glykogen) zu Glukose abgebaut wird und so der **Blutzuckerspiegel** steigt. Dabei sorgt Adrenalin für einen sofortigen Anstieg des Blutzuckerspiegels und Cortisol verstärkt diese Wirkung. Cortisol verstärkt die Wirkung von Noradrenalin, welches ebenfalls bei Stress gebildet wird, auf den Blutdruck, dieser steigt also an. Die Stresshormone ziehen die Blutgefäße im Verdauungstrakt zusammen, damit das nährende Blut vor allem Arme und Beine versorgt, die uns aus der Gefahrenzone bringen könnten. Normalerweise ist das Blut eher in den Eingeweiden konzentriert. Wenn das Blut in Arme und Beine geschickt wird, werden die Wachstums- und Regenerationsprozesse der Eingeweide reduziert. Die Bildung lebenswichtiger Energiereserven wird gestört. Weiterhin wird die Entzündungsreaktion im Körper unterdrückt und das Immunsystem geschwächt. Unter dem Einfluss von Cortisol steigt der Appetit an, damit – sobald das möglich ist – die verbrauchten Energiereserven wieder aufgefüllt werden.

Aber auch im emotionalen und kognitiven Bereich kommt es zu einer Umstellung. Das Gefühl, das Menschen erleben, wenn die Stressreaktion ausgelöst wird, ist **Angst**. Wenn Lust und Belohnung das ist, wonach wir streben, weil es anzeigt, dass der Organismus bekommen hat, was er braucht, dann zeigt ihm Angst an, dass ein Mangel herrscht oder eine Bedrohung besteht.

Adrenalin löst Angst aus, die sich bis zu Panik steigern kann. Auch Cortisol ist ein „Angsthormon", je höher der Cortisolspiegel im Blut, desto mehr Angst empfindet ein Mensch.

Im Gehirn senkt Cortisol den Serotoninspiegel und hebt den Dopaminspiegel. Somit entsteht genau die hoch motivierte Situation, die im letzten Kapitel *(ab Seite 45)* geschildert wurde. Man wird wach und ist auf ein Ziel fokussiert, aber man ist nicht entspannt. Auch die Stressreaktion ist, genau wie die Motivations- und Lustsituation, unspezifisch. Das limbische System kann wiederum nicht *sagen*, was den Stress ausgelöst hat, es kann einfach nur reagieren: In Situationen, bei denen es auf Bruchteile von

Sekunden ankommt, würde eine genaue Analyse der Gefahrensituation durch den Cortex oder mithilfe des Verstandes viel zu lange dauern. Auch hier kommt der Verstand erst dann zu seinem Recht, wenn die akute Stresssituation vorbei ist und überhaupt in Ruhe ausgewertet werden kann, was eigentlich der Auslöser war. Manchmal, bei ganz offenkundigen Stressoren wie bei einem Autounfall, ist das sehr einfach, häufig aber ist der Auslöser unbewusst und keinesfalls einfach zu entschlüsseln.

Normalerweise gilt: Je ausgeprägter der Mangel an Bedürfnisbefriedigung in einem der drei Überlebenssysteme ist, desto schlimmer der Stress, desto mehr Energie wird über Cortisol bereitgestellt und desto zielgerichteter handelt der Mensch. Und je dringlicher das Problem wird, desto mehr Angst empfindet er auch. Ein Beispiel ist die Sauerstoffversorgung: Bereits ein zu großer Brocken, der im Hals stecken bleibt, löst eine Panikreaktion aus, die auf die sofortige Beseitigung des Problems drängt. Wenn Menschen langfristig Hunger leiden, sinkt die Bereitschaft, moralische Standards zu beachten, was Bertold Brecht mit dem bekannten Spruch kommentierte: „Erst kommt das Fressen, dann kommt die Moral."

Das Reptiliengehirn

Akuter, kurzfristiger zumal lebensbedrohlicher, wirklicher oder vermeintlicher Stress sorgt dafür, dass wir leicht auf ein Funktionsniveau zurückfallen, das vom sogenannten **„Reptiliengehirn“** oder Hirnstamm gesteuert wird und das in seiner Funktion dem Gehirn von Schlangen oder Eidechsen gleicht. Es ist der entwicklungsgeschichtlich älteste Teil des Gehirns. Wenn dieser Hirnteil nachhaltig geschädigt wird, sind wir sofort tot, da er auch Puls und Atmung kontrolliert.

Die **Funktionen** dieses Hirnteils sorgen nur für eines: für das Überleben. Das Reptiliengehirn kontrolliert Selbstverteidigungs- und Gegenangriffsmechanismen und den automatischen Kampf- oder Fluchtreflex. Die Wirkung des Reptiliengehirns, auf dessen Funktionsniveau wir unter Stress zurückfallen können, ist mit einem Wort beschrieben: **„Ich, Ich, Ich“**. Dieses Zurückschalten fördert vor allem Konkurrenzdenken. Die großen Fragen eines Menschen, der auf diesem Niveau funktioniert, lauten: Bekomme ich genug und wie kann ich den Mitstreiter verjagen, besiegen, um noch mehr zu bekommen? Wie kann ich zuschlagen, bevor ich geschlagen werde?

Auf diesem Niveau sind kein Wir und keine Lösung, keine Spiritualität und keine Gemeinschaft, keine Handlungsplanung und keine Reflexion möglich. Der Cortex ist weitgehend „heruntergefahren“ und zu großen Teilen buchstäblich nicht eingeschaltet.

Ich. Ich. Ich. Mehr nicht.

Aber nicht alle Menschen reagieren auf Stress gleich. Es gibt Menschen, die auch in sehr bedrohlichen Situationen nicht auf dieses Niveau zurückfallen, sondern weiterhin solidarisch und lösungsorientiert handeln können. Die Tiefenpsychologie nennt diese Menschen **„Ich-Stark“**. Zu einem Teil dieser Ich-Stärke tragen eben jene Botenstoffe bei, die auch Genuss und Belohnung ermöglichen: die Endorphine.

Die Glücklichmacher: Bedeutung und Funktion der Endorphine

Stress bedeutet in den langen Entwicklungszeiträumen des Menschen und bei allen Tieren die Möglichkeit physischen **Schmerzes**. Und auch darauf bereitet das Gehirn seinen „Besitzer“ vor, sobald eine Stresssituation erkannt worden ist. Wenn man einem Pferd eine Nasenbremse (die Anwendung einer solchen ist für das Pferd schmerzhaft) nur zeigt, steigt bereits der **Endorphinspiegel** nachweisbar an, sofern das Pferd „gelernt“ hat, was „Nasenbremse“ bedeutet. Die Endorphinausschüttung ist wie die Stressreaktion **konditionierbar**, ursprünglich harmlose Reize können zum Auslöser für eine schwerwiegende Stressreaktion werden. Das Pferd weiß per Geburt nicht, was eine Nasenbremse ist, aber der an sich harmlose Reiz wird zum Stressauslöser, sobald es die Erfahrung einmal gemacht hat. Endorphine sollen helfen, dass ein Tier auch mit schweren Verletzungen noch kämpfen oder flüchten kann, und werden daher ausgeschüttet, bevor es zu spät ist. Daher begleitet eine Endorphinausschüttung eine Stressreaktion.

Seelische und körperliche Schmerzen

Beim Menschen, der sich die Stressreaktion mit allen Säugetieren teilt, **lindern** Endorphine nicht nur körperliche, sondern auch seelische Schmerzen. Und es scheint sehr auf das Ausmaß der Endorphinausschüttung in Stresssituationen anzukommen, wenn es darum geht, wie sicher sich jemand fühlt, eine solche Situation auch zu bewältigen (solange der Stressor die Bewältigungsmechanismen des Organismus nicht grundsätzlich überfordert). Je mehr jemand in stressigen Situationen sein **Großhirn** benutzt, statt auf ein niedriges Funktionsniveau zurückzufallen, desto mehr belohnt das Gehirn das mit Endorphinen. Mit anderen Worten: Ich-Stärke anzuwenden, ist belohnend und sicher. Und umgekehrt: Je mehr Ich-Stärke angewendet wird, desto mehr Endorphine werden in Stresssituationen auch ausgeschüttet. Ein **positiver Kreislauf**, den man zur individuellen Glücksgestaltung durchaus nutzen kann. Denn je mehr Strategien man in guten Zeiten lernt, desto mehr hat man in Stresssituationen davon zur Verfügung.

Wenn der Endorphinspiegel steigt ...

Es hängt viel davon ab, **wie viele Endorphine** jemand ausschütten kann, wenn der Stress eintrifft. Denn es gilt: Je mehr Endorphine ausgeschüttet werden, desto sicherer, wohler und vielleicht sogar enthusiastischer fühlt man sich in Stresssituationen. Bei manchen Menschen wird jedoch bei Stress mehr Endorphin ausgeschüttet und bei anderen weniger. Das kann genetische Ursachen haben, sehr wahrscheinlich hängt es aber mit frühkindlichen und vorgeburtlichen Erfahrungen zusammen.

Menschen, die unter Stress eine **hohe Endorphinausschüttung** haben, mögen Stress. Ein Beispiel ist „Runner's High", die **Endorphindusche** nach einer gewissen Zeit harten Joggens, die meist nur passionierte Läufer erleben. Den meisten Menschen wäre es wahrscheinlich zu stressig, den Mount Everest zu besteigen, aber es gibt Menschen, die das genießen. Es gibt Menschen, die hohe Anforderungen in ihrer Arbeit mögen, Anforderungen, die andere als zu belastend empfinden. Gleiches gilt bei Rückschlägen, die ja auch eine Form von Stress sind: Manche Menschen kommen gut darüber hinweg und versuchen es aufs Neue, manche knabbern jahrelang daran herum.

Gestiegene Endorphinspiegel wirken nach einem stressigen Ereignis **beruhigend** oder bewirken sogar ein regelrechtes Hoch (wie z.B. nach Bungee-Jumping). Ein hoher Endorphinlevel kann eine bis zu 50-prozentige Reduktion von Cortisol bewirken. Der Maßstab dafür, wie gestresst jemand ist, besteht darin, wie hoch sein Cortisolspiegel nach einem Ereignis ist. Endorphine scheinen also Stress mildernd zu wirken.

Selbst den **Tod** lassen Endorphine angenehmer erscheinen. So berichtet der Afrikaforscher David Livingstone (1813 – 1873), wie er von einem Löwen angefallen wurde und ein Nahtoderlebnis hatte: „Der Löwe brüllte ... dann schüttelte er mich, wie ein Dachshund eine Ratte schüttelt. Diese Erschütterung verursachte eine Art Betäubung. Sie versetzte mich in einen träumerischen Zustand, worin ich keine Empfindung von Schrecken und kein Gefühl von Schmerz verspürte ... Das Schütteln hob die Furcht auf und ließ keine Regung von Entsetzen aufkommen ..."

Endorphine sind vermutlich auch am sogenannten **„Totstellreflex"** beteiligt. Wenn weder Kampf noch Flucht möglich ist und Tier und Mensch sich in einer **aussichtslosen Situation** befinden (beispielsweise bei Folter oder Vergewaltigungen beim Menschen, beim Tier, wenn es von einem Angreifer schon gepackt wurde und nicht mehr fliehen kann), kommt es zu einer sogenannten „Freeze-Reaktion", einer Art **Lähmungserscheinung des Gehirns**. Da der Mensch nichts mehr tun kann, um dem Reiz zu begegnen oder ihn niederzuringen, sorgt das Gehirn dafür, dass mit dieser **Schutzreaktion** einer stressbedingten Auflösung des Selbst entgegengewirkt wird. Der Mensch erlebt die Situation dann so: „Es ist jemand anderes, dem das passiert." Das Tier, wenn es unter demselben Schock steht, stellt sich dann tot. Sehr häufig nämlich lässt ein Angreifer von einem Opfer, das er bereits für tot hält, ab. Aber anders als Menschen können Tiere diesen Schock wieder abschütteln, wenn sie tatsächlich entkommen sind. Beim Menschen wirken dagegen die Folgen eines Traumas unter Umständen noch jahrelang nach. Auch hier ist das Ausmaß einer heilenden Endorphinausschüttung maßgeblich an der Bewältigung beteiligt.

Endorphine helfen heilen

Auch bei der **Heilung von Krankheiten** wirken Endorphine mit. Lachen führt ebenfalls dazu, dass Endorphine ausgeschüttet werden. Wer lacht, fühlt sich schneller getröstet. Das kann mithelfen, die Stressreaktion, ausgelöst durch die Krankheit, zu mildern und entsprechend heilend zu wirken, weil dann ja wieder das Immunsystem und andere Wachstums- und Reorganisationsprozesse im Körper gestärkt werden.

Gleiches gilt für **soziale Kontakte**, bei denen ebenfalls Endorphine ausgeschüttet werden. Wer über seine Krankheit spricht und dabei Trost findet, hat bessere Heilungschancen als der, der es nicht tut. Der international anerkannte Stressforscher Robert M. Sapolsky ist der Ansicht, dass Placebomedikamente (also Scheinmedikamente, bei denen dem Empfänger suggeriert wird, es wären echte) sehr effektiv gegen Schmerzen wirken, weil sie eine entsprechend starke Endorphinausschüttung bewirken, sobald jemand glaubt, er habe wirksame Medikamente erhalten.

Auf diesem Effekt bauen auch die Erfolge sehr vieler **mentaler Techniken** zur Heilung von Krankheiten auf. Bekannt wurden beispielsweise Simonton und Simonton, die in ihrem Buch „Wieder gesund werden" erstmals Visuali-

Es ist angenehm und beruhigend, gestreichelt zu werden oder eine Massage zu bekommen.

sierungstechniken zur Aktivierung der Selbstheilungskräfte bei Krebs beschrieben. Der international anerkannte Glücksforscher Martin Seligman schildert in „Pessimisten küsst man nicht" den Zusammenhang zwischen Optimismus und einer gestärkten Immunreaktion. Ganz sicher, so Sapolsky, wirkt auf diesem Wege auch Akupunktur: Durch die Stimulation der Haut mittels der Akupunkturnadeln werden durch Mechanismen, die noch nicht völlig erforscht sind, große Mengen an Endorphinen und Enkephalinen ausgeschüttet. Auch eine Massage wirkt auf diese Weise: Die Nervenzellen der Haut können eine Endorphinausschüttung auslösen. Daher ist es angenehm und beruhigend, gestreichelt zu werden oder eine Massage zu bekommen.

Stressoren blockieren die Reproduktion

In der Natur dauerte Stress kurz und dann war die Angelegenheit geklärt. Entweder man war dem Löwen entkommen oder zu seinem Abendessen geworden, vielleicht war man verletzt, aber die Gefahr war vorbei und das Gehirn wusste das. Heute gibt es jedoch **Stressoren**, die nicht nach kurzer Zeit vorbei sind.

Arbeitslosigkeit kann ein solcher Stressor sein. Wer jahrelang für eine Firma gearbeitet hat und dann einem Sanierungsplan zum Opfer fällt, der verliert nicht nur ein Gutteil seines Einkommens, sondern auch die Kollegen, also wichtige soziale Kontakte. Viele Menschen identifizieren sich mit „ihrer" Firma und verlieren dann einen Teil ihrer Identität. Überdies kann das Erlebnis, dass man trotz aller Leistungsbereitschaft einfach wegrationalisiert wurde und nichts dagegen unternehmen konnte, extrem stressig wirken, weil es eine in unserer Gesellschaft allgemein akzeptierte Strategie („Leiste was, und du wirst gebraucht“) relativiert.

Während langdauernder Stresssituationen bleibt die Cortisolausschüttung ständig zu hoch, das hat zahlreiche negative Auswirkungen zur Folge. Es kommt zu einer ständigen latenten **Angst**. Über die schon geschilderten Schäden am Immunsystem hinaus wird auch noch das Gedächtnis geschädigt.

Wenn eine Stresssituation lange anhält, steigen zuerst die Endorphinwerte an, und das wiederum blockiert die Wirkung des **reproduktiven Systems** – sowohl bei der Frau als auch beim Mann. Anorektikerinnen (Magersüchtige), die ihre Tage nicht mehr bekommen, sind ein gutes Beispiel dafür.

Das ist durchaus sinnvoll: Wenn nämlich der Organismus einen **extremen Mangel** in der Umwelt annehmen muss, der dafür sorgen könnte, dass die Kinder kaum oder keine Überlebenschance haben, dann verhindert er, dass welche geboren werden.

Zugegeben, es reicht nicht, arbeitslos zu sein, um keine Verhütungsmittel mehr zu benötigen, so einfach ist es nicht. Aber es ist bekannt, dass in Ländern, in denen genügend Verhütungsmittel zur Verfügung stehen und die Mehrzahl der Menschen gestresst oder unglücklich ist, weniger Kinder geboren werden. Es scheint also einen stressbedingten mentalen Wechsel zu geben, der die Frage beeinflusst, ob wir überhaupt Kinder wollen.

Es leuchtet ein, dass akute Stressoren sich so in das Bewusstsein drängen, dass die Aufmerksamkeit für sogenannte „höhere“ Tätigkeiten fehlt. Somit vermindert sich auch die Fähigkeit, neue Symbole oder Begriffe zu erschaffen.

Wenn Stress sehr lange anhält, sind die Vorräte für Serotonin, Dopamin und Noradrenalin irgendwann verbraucht. Dann ist der Serotoninspiegel niedrig und der Dopaminspiegel ebenso, eine Situation, in der man anfängt, die Lage der Dinge als hoffnungslos zu beurteilen. Ebenfalls sind mit der Zeit die **Endorphinvorräte erschöpft**, was wiederum gravierende soziale und psychische Auswirkungen hat, weil die täglichen ebenso wie die langfristigen Stressoren immer schlechter in den Griff zu bekommen sind.

Kontrollierbarer und unkontrollierbarer Stress

Stress kann man einteilen in **kontrollierbaren** Stress und **unkontrollierbaren** Stress, so der Neurobiologe Gerald Hüther.

Kontrollierbarer Stress heißt, man hat eine Bewältigungsstrategie für den Stressor, unkontrollierbarer Stress heißt, man hat keine adäquate Lösung parat, um dem Problem zu begegnen.

Unter Stress greifen Menschen vor allem auf **bewährte Lösungen** zurück. Das hat Sinn in Umwelten, die sich nur sehr langsam verändern und immer dieselben Strategien erfordern, da diese häufig gut eingeübt sind und daher wertvolle Zeit gespart werden kann. In besonders stressigen Situationen wird der präfrontale Cortex, also der Sitz des Verstandes, buchstäblich „heruntergefahren", d.h., er wird weniger mit dem für das Funktionieren wichtigen Nährstoff Glukose versorgt. Die Natur wollte nicht, dass wir wertvolle Zeit mit intensivem Nachdenken über Sinn und Unsinn unserer Reaktion verlieren. Wenn das Haus brennt und Feuerwehrmann Karl beschließt, diesmal aber ganz neu und kreativ zu löschen und über die neueste Strategie erst einmal meditativ nachsinnt, kann das gefährliche Folgen haben. Die Natur möchte, dass wir bei Gefahr automatisch und ohne nachzudenken reagieren, und das anwenden, was wir in guten Zeiten gelernt haben.

Diese Umwelt ist es, der die Menschheit praktisch während ihrer gesamten Entwicklungszeit ausgeliefert war.

Die gleiche Stressreaktion ist jedoch nicht so sinnvoll, wenn sich die Umwelt so verändert hat, dass die alten Lösungen versagen. Wenn Feuerwehrmann Karl tatsächlich immer und immer wieder auf wirklich neue, nicht trainierbare Situationen trifft, wäre es tatsächlich besser, er denkt nach, bevor er handelt.

Wenn die Stresssituation aber **unkontrollierbar** erscheint und bisherige Lösungen alle versagen, hat der Organismus zwei Möglichkeiten: Er bricht zusammen oder er organisiert sich neu und lernt neue Strategien und Handlungsmöglichkeiten. Denn wenn ein Mangel langfristig nicht behoben werden kann, wird er immer **schlimmer**. Dieses Schlimmerwerden ist bei Hunger, Durst, Kälte und Müdigkeit

Viele Tierarten, die veränderten Umweltbedingungen gegenüberstanden, gerieten unter den Einfluss von Stressreaktion und starben aus.

ganz offensichtlich, es gilt aber auch für den Bereich sozialer Beziehungen, wenn es also zu einem Mangel im Überlebenssystem „Herde" gekommen ist. Auch Tierarten, die veränderten Umweltbedingungen gegenüberstanden, gerieten unter den Einfluss dieser Stressreaktion und lernten entweder etwas Neues oder sie starben aus.

Insofern hat die Stressreaktion, die häufig gescholten wird, bei langwierigen Stresssituationen krank zu machen, auch eine **evolutionär sinnvolle Funktion**: Sie zwingt zur Anpassung an neuartige Umgebungen. Unter langwierigem Stress werden im Gehirn bestimmte neuronale Verschaltungen aufgelöst, nämlich diejenigen, die unbrauchbar für die Bewältigung des Problems geworden sind. So können neue gebildet werden, nämlich solche, die besser geeignet sind, um zu **überleben**. Auf diese Weise hat die Evolution sichergestellt, dass diejenigen Tierarten überlebten, die am flexibelsten waren (allerdings, wie erwähnt, in Umwelten, die sich sehr viel langsamer veränderten, als dies heutzutage der Fall ist). Es ist nicht erstaunlich, dass es eine **Funktion der Endorphine** ist, die uns befähigt, Neues zu lernen. Zwei Minuten, nachdem man beispielsweise in einer neuen Umgebung angekommen ist, beginnt das Gehirn Endorphine auszuschütten. Endorphine können, in Zusammenarbeit mit einem anderen Botenstoff namens ACTH (adrenocorticotropes Hormon) dafür sorgen, dass man alte Verhaltensweisen loswird, um neue zu lernen.

Ein Beispiel dafür sind die „evolutionären" Bedingungen, denen Menschen heute im Berufsleben ausgesetzt sind. Ich kannte einmal einen Setzer, der zu Zeiten des Bleisatzes lernte und es später schaffte, auf Fotosatz umzusatteln, und der ein Ass auf seinem Gebiet war. Aber dann kam die nächste Umwälzung in seinem Fachgebiet, der Satz mittels Computer, das sogenannte Desktop-Publishing, auf und er war, obwohl eigentlich noch jung genug, nicht mehr fähig, diese neue Methode des Setzens zu lernen. Er musste also seinen Beruf verlassen. Als ich ihn kennenlernte, war er bereits schwer depressiv, arbeitslos und trank.

Ob eine Stressreaktion als **kontrollierbar** oder **unkontrollierbar** erlebt wird, hängt natürlich von den vorhandenen **Ressourcen des Individuums**, aber auch von der Umwelt ab. Es gibt Stressoren wie untragbare gesellschaftliche Verhältnisse, die durch Armut, Ausbeutung, Hunger, Korruption und Folter gekennzeichnet sind, die die meisten Menschen einer Gemeinschaft überfordern, sodass sie auf das Funktionsniveau des Reptiliengehirns regredieren und die Gesellschaft dann noch schlimmer machen. Es gibt Stressoren, wie sehr kranke oder wütende Mitmenschen, die die psychische Energie von anderen systematisch aufzehren. Es ist eine Illusion, dass man nur genügend mentale Ressourcen braucht, um sich allen Stressoren einfach so und zu jeder Zeit aussetzen zu können. Auch wenn man es bewusst vielleicht nicht so erlebt, die physiologische Reaktion, gemessen an der Höhe des Cortisolausstoßes, kann eine andere Sprache sprechen.

Das Ausmaß der Stressreaktion hängt in den allermeisten Fällen jedoch auch von den inneren Bildern, den Fähigkeiten, Strategien, Gedanken, Visionen ab, die wir zur Bewältigung des Geschehenen beitragen können. Es macht zudem einen gravierenden Unterschied, ob eine Tätigkeit freiwillig gewählt oder unter Zwang ausgeübt oder erlebt wird. Je beengender eine Situation empfunden wird, desto mehr steigt der Cortisolspiegel an.

Endorphine und soziale Bindungen

Der Bindungsforscher John Bowlby (1909 – 1990), der sein Leben der Frage widmete, was menschliche Bindungen bedeuten, beschrieb als einer der Ersten die Wichtigkeit einer verlässlichen oder sicheren Mutter-Kind-Bindung. Wenn Kinder diese Art der Bindung, bei der die Mutter sicher und einfühlend für das Kind da ist, nicht erleben, haben sie häufig ihr ganzes späteres Leben schwere emotionale Probleme. Es ist nach Forschungsergebnissen von Jaak Panksepp und anderen Wissenschaftern ziemlich sicher, dass diese emotionalen Bindungen ebenfalls durch Endorphine und durch das Hormon Oxytocin vermittelt werden.

Eine freundliche und zugewandte Form der Interaktion zwischen Menschen **steigert die Ausschüttung** von Endorphinen. Pflegen, Spielen, Streicheln tun das ebenfalls. Die Evolution hat nicht zugelassen, dass so wichtige Verhaltensweisen wie Nähren, Pflegen usw., die dem neugeborenen Baby das Leben retten, dem individuellen Lernen überlassen werden, auch wenn individuelles Lernen hier eine Rolle spielt. Sie hat dafür gesorgt, dass sehr viele dieser Verhaltensweisen durch Neuropeptide geregelt werden. Die Bindung zwischen Mutter und Kind sorgt dafür, dass bei beiden Endorphine ausgeschüttet werden, die Emotionen wie Sicherheit und Wohlbefinden und Glück hervorrufen. Der Stress des Babys bei temporären Trennungen wird gemildert, auch der Stress durch Hunger, Kälte usw., wenn das Baby in einer sicheren Beziehung erlebt, dass man für seine Bedürfnisse da ist. Mit der Zeit entwickelt sich durch diese **wechselseitige Endorphinausschüttung** ein tiefes emotiona-

Die Art und Weise, wie die Mutter auf den Stress des Kindes reagiert hat, wird für das ganze weitere Leben prägend sein.

les Band. Die Art und Weise wie die Mutter auf den Stress des Kindes reagiert hat, wird für das ganze weitere Leben prägend sein. Wenn sie zu gestresst ist, um auf das Kind beruhigend einzuwirken, besteht die Gefahr, dass das Kind in späteren Stresssituationen zu wenig Endorphine ausschüttet und einen ständig zu hohen Cortisolspiegel hat. Diese Kinder können später Stress schlecht regulieren, was bedeutet, dass sie weniger gute Lösungen finden.

Endorphine und Trauerarbeit

Auch im späteren Leben sorgen enge und vertrauensvolle Bindungen für eine erhöhte Endorphinausschüttung. Endorphine modulieren jedoch auch die **Fähigkeit zu trauern** – eine wichtige Fähigkeit, um bei Verlust eines Partners oder sogar eines Kindes irgendwann wieder ins Leben zurückkehren und neue Bindungen eingehen zu können. Bei Trennungen werden die Zentren des Gehirns angeregt, die mit dem Schmerzempfinden zu tun haben. Menschen, die von ihrem Partner verlassen worden sind, oder Eltern, deren Kind stirbt, erleben diesen Verlust wie eine **körperliche Verletzung**. Wer verlassen wird und darauf zwar mit einer Stressreaktion, aber mit angemessener Endorphinausschüttung reagiert, verwindet den Verlust leichter. Menschen, die verlassen wurden und dann fähig sind, Tätigkeiten aufzunehmen, die ebenfalls zu einer Endorphinausschüttung führen, wie Musizieren, Schreiben, Malen, Tanzen, andere soziale Kontakte pflegen, leiden weniger intensiv. Auch wenn man tiefe Gefühle zulässt, werden, selbst wenn diese Gefühle unangenehm sind, heilende Endorphine ausgeschüttet und der dadurch angeregte Wachstumsprozess wird biologisch belohnt.

Menschen, die sehr viele **positive Erinnerungen** an den verlorenen Partner, das Kind oder den Elternteil haben, können ihre seelischen Schmerzen durch die mit den inneren Bildern verbundene Endorphinausschüttung viel leichter heilen als solche, die diese Erinnerungen nicht haben. Und so kommt es, dass Witwen, die ihren Mann wirklich geliebt haben und eine glückliche Ehe führten, viel leichter wieder heiraten (meist zum allgemeinen Erstaunen der Verwandtschaft) als solche, bei denen die Ehe unglücklich war und keine guten Erinnerungen den Trennungsschmerz lindern.

Endorphine verbessern die Beziehungsfähigkeit

Es liegt auf der Hand, dass Menschen, die lange unter Stress standen und daher verminderte Endorphinausschüttungen erleben, auch mehr unter **Trennungsangst** leiden, gleichzeitig können sie aber weniger gesunde Bindungen eingehen.

Daher können Endorphine die **Beziehungsfähigkeit** eines Menschen erheblich verbessern, weil sie für

eine Reihe guter sozialer Gefühle und entsprechender Eigenschaften, wie Einfühlungsvermögen, verständnisvolles Verhalten, hohes Selbstwertgefühl, sowie für die Fähigkeit, Verantwortung zu übernehmen, sorgen.

Menschen mit niedrigem Endorphinspiegel und entsprechend viel Angst verarbeiten Trennungen, ob nun endgültige oder auch nur temporäre, viel schlechter und haben daher häufig eine sehr große Angst vor dem Alleinsein. Eine Angst, die sie aber von anderen Menschen abhängig machen kann, zumal sie auch über ein relativ niedriges Selbstwertgefühl verfügen. In sozialen Situationen sind sie häufig das, was man „schlecht abgegrenzt" nennt, denn sie fühlen sich durch den Schmerz anderer Menschen leicht überwältigt und übernehmen daher deren Gefühle als eigene. Häufig sind sie auch isoliert, depressiv oder hoffnungslos. Sie sehen sich als **Opfer** und emotional überwältigt, haben leicht paranoide Gefühle und Ängste sowie Ausbrüche von unangemessenem Ärger, was natürlich wiederum dazu führt, dass sie noch **weniger Endorphinausschüttung** erleben und schließlich in den freudlosen, anhedonistischen, apathischen Zustand geraten, der mit einer allzu niedrigen Endorphinausschüttung einhergeht.

Endorphine und Sucht

Menschen, die ständig unter Stress stehen und wenig soziale Bindungen haben, die diesen Stress mildern können, greifen unter solchen Umständen vermehrt zu **Drogen und Suchtmitteln**, die Endorphine ausschütten und so den Schmerz des Dauerstresses mildern: Alkohol, Nikotin, die Kombination aus Fett und Zucker (Kuchen, Pizza) oder im schlimmeren Fall Opiate wie Morphium und Heroin.

Je länger der Stress dauert, desto mehr wird die Bindungsfähigkeit von Opiatrezeptoren heraufgesetzt. In einer solchen Situation lernt man jede Lösung, die die dringend benötigten Endorphine ausschütten lässt, besonders gut, seien sie konstruktiv oder langfristig destruktiv. So entsteht **Sucht**.

Sucht, egal wonach, entsteht also nicht primär, weil Menschen sich so gut fühlen, wenn sie Drogen zu sich nehmen. Sucht entsteht, weil die Gehirnchemie durch langwierigen Stress das Suchtverhalten vorbereitet hat (niedriger Serotoninspiegel und relativ hoher Dopaminspiegel) und dann in der Tat das erlösende Gefühl durch Endorphin steigernde Mittel so belohnend wirkt, dass die einmal erlernte Handlungsstrategie immer und immer wieder angewendet wird.

Identität, Stabilität und biochemische Baseline

Wenn man Tiere längere Zeit bestimmten Reizen aussetzt, beginnen sie, diese Reize zu mögen, besonders dann, wenn diese Reize mit angenehmen Erfahrungen gekoppelt werden. Sie mögen gelbe Kreise, weil sie oft genug mit gelben Kreisen in Kontakt kamen und es gleichzeitig einen Keks gab. Sie bevorzugen sie im Vergleich zu roten Kreisen.

Die Forschung nennt das den **Mere-Exposure-Effekt**, was nichts weiter bedeutet, als dass sie diesen Reiz nur deshalb mögen, weil sie ihm eine Zeit lang ausgesetzt waren. Dieser Effekt hat sich bei fast allen Tierarten und auch beim Menschen nachweisen lassen.

Sehr vieles von diesem Effekt geschieht auf einer **unbewussten Ebene**. Wenn Kindern in Asien lange genug gebratene Vogelspinnen als fantastische Eiweißquelle serviert werden, fangen sie an, diese zu mögen, besonders, wenn sie dabei von einem freundlichen Erwachsenen gelobt werden. Kinder in anderen Teilen der Welt, denen man lange genug Huhn anbietet, mögen eben dieses lieber. Das Gleiche gilt für politische Ideen, Geschmack, Kleidung, Einstellungen, Gefühle, Gedanken: Vieles von dem, was unsere Kultur uns anbietet, mögen wir nur einfach deshalb, weil es uns immer wieder angeboten wurde und wir vielleicht gute Erfahrungen damit gemacht haben.

Das wäre an sich kein Problem, denn solange wir wissen, dass wir bestimmte Kleider, Möbel oder Ideen einfach nur mögen, kann man sie auch aufgeben, sobald die Umwelt sich geändert hat und andere Ideen, Wahrnehmungen, Einstellungen etc. angemessener und glücksbringender werden.

Womit wir uns identifizieren

Aber Menschen beginnen sich irgendwann – meist völlig unbewusst – mit einem Teil dieser Erfahrungen, Geschmacksrichtungen etc. zu **identifizieren** und dann wird der Geschmack beispielsweise gar nicht mehr als simple Gewohnheit, sondern als Teil der eigenen Identität erlebt. „Ich mag das und das", „Das bin ich" und schon reduzieren wir die Anzahl der Möglichkeiten dessen, was wir denken oder fühlen oder erfahren können, auf das, womit wir uns identifizieren. Das ist ein Prozess, der vor allem beim Aufwachsen in einer Familie stattfindet. Manchmal nimmt man tatsächlich ganz andere Gewohnheiten an als die Eltern oder Erzieher und empfindet dann beispielsweise eine moderne Wohnungseinrichtung als „Das bin ich", wenn die anderen „Eiche Rustikal" als Teil ihrer Identität erlebten. Aber sehr viel häufiger beginnt man, sich mit Familienmythen wie „Wir Adeligen" oder „Wir Buddenbrooks" zu identifizieren.

Ich-Synton und Ich-Dyston

Psychologen wissen, dass es einen gravierenden Unterschied macht, ob ein Waschzwang beispielsweise als **Ich-Synton** (das heißt, als Teil meiner Identität) erlebt wird oder als **Ich-Dyston** (bedeutet, dass man sich zwar immer wieder die Hände wäscht und den Impuls nicht steuern kann, es man aber nicht mehr als Teil seiner Identität erlebt). Wenn es sich um einen Komplex, eine Neurose, einen Tick, eine Angewohnheit handelt, kann man dies umso leichter verändern, je weniger es als Teil der eigenen Identität erlebt wird. Je mehr etwas jedoch als Teil der Identität erlebt wird, desto schwieriger wird es, es aufzugeben.

Auch die Menge der verfügbaren Botenstoffe in Gehirn und Körper, die das Gefühlsleben bestimmen, wird unbewusst als Teil der **Identität** erlebt.

Das Verhältnis von Serotonin und Dopamin und die biochemische Baseline

Das **Verhältnis** von Serotonin und Dopamin bestimmt wesentlich, welche Erfahrungen wir machen können und welche wir vermeiden:

- Wenn Dopamin sehr hoch und Serotonin sehr niedrig ist, fühlen sich Menschen sehr leistungsbereit, wagemutig, neugierig und motiviert, aber darunter liegt ein mangelndes Selbstwertgefühl, das schnell aggressiv macht.

- Wenn Serotonin niedrig und Dopamin niedrig ist, fühlt man sich eher hoffnungslos und passiv.
- Und wenn man zu den Glücklichen gehört, bei denen der Serotoninspiegel hoch und der Dopaminspiegel ebenfalls hoch ist, fühlt man sich voller Selbstvertrauen und gleichzeitig motiviert.

Das Verhältnis der verschiedenen Transmitter zueinander bezeichnet der amerikanische Psychologe Dr. Joel Robertson als **biochemische Baseline** (= biochemische Grundeinstellung). Nicht nur Individuen haben eine solche Baseline, auch Familien.

- Wer in einer aggressiven Familie aufgewachsen ist, ist mit einer anderen biochemischen Baseline zur Welt gekommen als jemand, der in eine depressive Familie hineingeboren wird. In einer aggressiven Familie ist der Serotoninspiegel meist niedrig und der Dopaminspiegel hoch. Belohnt werden dann alle Verhaltensweisen, die einen hohen Dopaminspiegel fördern und somit den Serotoninspiegel niedrig halten, und das sind aggressive, konkurrierende Verhaltensweisen.
- Wenn in einer Familie alle einen hohen Serotonin- und einen hohen Dopaminspiegel haben, ist es wahrscheinlicher, dass sich die Kinder mit selbstbewussten, durchsetzungsfähigen, aber nicht hoch aggressiven Verhaltensweisen identifizieren.
- Wer eine Familie mit niedrigem Serotoninspiegel und niedrigem Dopaminspiegel erlebt hat, identifiziert sich mit Ideen und Verhaltensweisen, die die Welt als deprimierenden und hoffnungslosen Ort beschreiben, an dem man am besten passiv bleibt.

Robertson hat dargelegt, dass, sobald das Gehirn einmal eine biochemische Baseline als „Das bin ich" erkannt hat, alle Verhaltensweisen, die dieser Baseline entsprechen, mit einer Endorphindusche belohnt werden.

Stabilität und Instabilität als Grundlage für unser Sein

Der Grund für diese Maßnahme der Natur ist **Stabilität**. Sehr lange Zeiträume seiner Geschichte lebte der Mensch nur in Umgebungen, die ebenfalls recht stabil waren, und in „Herden", die man nur unter größten Gefahren wechseln konnte. Die Natur hat ein Interesse an Stabilität und an der Endorphinbelohnung für Handlungen, die als Teil der Identität erlebt werden. Sie sorgt dafür, dass wir auf Veränderungen mit massivem Widerstand reagieren, und zwar um so mehr, je stärker etwas als Teil der Identität erlebt wird und je länger wir diese Verhaltensweisen schon angewendet haben.

Das hat den Vorteil, dass wir einen Partner einschätzen können, weil wir wissen, wie er „ist", und daher meinen, ihn zu kennen. Folglich wissen wir, was wir erwarten können, und wir können uns darauf einstellen. Wir wissen, dass dieser Partner ein bestimmtes Set von Empfindungen, Gedanken und Verhaltensweisen zeigt, an die wir uns gewöhnen können, das nennt man auch „Kennenlernen". Wir wissen, dass er treu ist, und daher rechnen wir damit, dass er nicht plötzlich gegangen ist, wenn wir abends nach Hause kommen. Wir wissen, wie ein Bäcker, ein Polizist, ein Lehrer „ist", und das ermöglicht uns verlässliche Erwartungen an eine Gesellschaft.

Widerstand gegen Veränderungen steht nicht im Konflikt zur Evolution, sondern spielt eine unentbehrliche Rolle bei dem Erhalt stabiler Zustände. Menschen, die „nicht wissen, wer sie sind", verhalten sich instabil und können daher beispielsweise keine guten und sicheren Beziehungen eingehen, sie sind entweder ihren Stimmungen und Launen völlig unterworfen oder sie können gar keine Entscheidungen treffen, weil sie nicht wissen, was sie selbst wollen. Viele Betroffene leiden sehr massiv unter diesem Zustand.

Viele von uns schauen jedoch irgendwann zurück und sagen sich: So war ich einmal, aber so bin ich nicht mehr. Mit der Zeit ist es also durchaus möglich, dass man **neue Erfahrungen** macht und **neue Verhaltensweisen** lernt, die dann wiederum als Ich-Synton, also als „Das bin ich", erlebt werden. Auch gesunde Menschen haben ein Ich, das anscheinend gar nicht völlig stabil sein kann, denn sonst könnten sie auf veränderte Lebensumstände nicht mehr reagieren. Wenn das, was man als Identität empfindet, allzu stabil wird, ist es eine ebenfalls nicht zu unterschätzende Quelle von Unglück.

Die Stabilität unseres Handelns und Wollens ist also einerseits notwendig, kann aber andererseits gravierende Konsequenzen für das eigene Lebensglück haben.

Denn als unpassend für die biochemische Baseline werden häufig auch solche Verhaltensweisen **abgelehnt**, die sich eigentlich gut anfühlen. Wer nie Sport gemacht hat und dann damit beginnt, der wird einerseits kurzfristig belohnt, weil es gut für den Organismus ist, andererseits empfindet er das Gefühl aber als „fremd", als „das passt nicht zu mir" und wiederholt die Erfahrung dann vielleicht nicht. Bis jemand Sport als Teil der eigenen Identität empfindet, braucht es eine Reihe von Wiederholungen, im Falle von Sport mindestens 30 Tage.

Man kann sich sehr **schnell mit etwas identifizieren**, aber es kann auch länger dauern, bis man eine bestimmte Verhaltensweise als Teil der Identität erlebt. Nehmen wir zum Beispiel den Fall einer Frau, die in einer Alkoholikerfamilie aufwächst und dann wieder einen Alkoholiker heiratet. Sie ist Alkoholiker gewöhnt und hat sich mit den Verhaltensweisen, die man braucht, um mit ihnen zusammenzuleben, identifiziert – und zwar unbewusst. Sie weiß also nicht, dass sie „Aufopferung" als einen Teil ihrer Identität erlebt, wenn sie das vollgekotzte Klo putzt. Auch wenn es sie deutlich unglücklich macht, dass sie von einem besoffenen Mann regelmäßig angepöbelt und geschlagen wird, sie bleibt bei ihm, zur Verwunderung ihres Arztes und ihres Psychologen, eben, weil jede Handlung, die sie bei dem Alkoholiker bleiben lässt, mit **Endorphinen belohnt** wird, und weil der Gedanke, das vertraute Unglück zu verlassen, mit einem Angstgefühl bestraft wird. Wirklich zu gehen käme einer Art Entzug gleich, sehr ähnlich dem von Alkohol oder Drogen, und sie müsste eine Menge Stress und Angst riskieren. Ob sie das riskiert, hängt wiederum davon ab, durch welche Menge an Endorphinen sie in der Stressphase geschützt wird. Diesen Schutz zu bieten, kann die Aufgabe von Psychotherapie sein, oder aber Freunde und Bekannte können helfen, indem sie eine sichere, Endorphin ausschüttende, Stress regulierende Bindung bieten.

Wenn man sich ändern will, muss man unter Umständen diesen Effekt aushalten. Manchmal ist daher nicht alles schlecht, was sich schlecht anfühlt, und nicht alles gut, was sich gut anfühlt.

Es scheint ein **Paradoxon** zu sein, dass die Natur einerseits individuell befreiende Verhaltensweisen belohnt, wie die sich von quälenden Identifikationen zu befreien, andererseits aber auch identitätserhaltende, stabilisierende Verhaltensweisen uns als „gut“ erleben lässt. Es ist das gleiche Paradoxon, das schon ab Seite 17 diskutiert wurde, als es darum ging, dass wir einerseits zur Herde dazugehören, andererseits aber auch frei sein wollen. Die Natur braucht Stabilität, aber sie kann keine vollständige Stabilität brauchen. Die Erfahrung, sich nicht mehr mit etwas zu identifizieren, trägt zu Instabilität bei, hilft aber auch, die Ressourcen für ein besseres Überleben bereitzustellen. Die Erfahrung, nicht ständig die Identität wechseln zu müssen und sich stabil als „Ich“ zu erleben, trägt zu beziehungsstiftendem, konsistentem Handeln bei.

Es ist ein Paradoxon, dass wir einerseits zur Herde dazugehören, andererseits aber auch frei sein wollen.

Glückstipps in der Praxis: So steuern Sie die körpereigenen Stimmungsmacher

In den letzten Kapiteln wurde deutlich, dass ein hoher „normaler" Level an Serotonin zu einem ausgeprägten Selbstwertgefühl beiträgt, ein hoher „normaler" Level an Dopamin zu mehr Energie und Motivation und ein hoher Level an Endorphinen zu **intensiveren Glücksgefühlen** und einer erheblich **verbesserten Stressbewältigung**.

Bleibt also die Frage, was zu tun ist, wenn der körpereigene Level dieser Stimmungsmacher normalerweise nicht so hoch ist, wenn man also manchmal unter geringem Selbstwertgefühl, Energiemangel und schlechter Frustrationstoleranz leidet.

Wie kann man nun dem **Glück nachhelfen**? Wie steigert man die „Baseline" von Serotonin, Dopamin und Endorphinen?

Dafür gilt es, einen weiteren körpereigenen Mechanismus zu nutzen. Jedes Erlebnis, jede Erinnerung hat eine emotionale Komponente. Diese hat eine chemische Basis, nämlich die **Botenstoffe**. Wie gezeigt, reagiert der Körper auf diese Botenstoffe, sobald sie den Blutstrom erreichen. Jede Körperzelle „weiß", wie wir uns fühlen, weil sie dieses chemisch mitgeteilt bekommt. Je häufiger wir ein bestimmtes Gefühl erleben, desto mehr Rezeptoren produzieren die Körperzellen für die entsprechenden Gefühlspeptide. Je mehr Rezeptoren man für ein Gefühl hat, desto mehr entsprechende Botenstoffe werden im Gehirn produziert und desto häufiger sucht man Situationen auf, die einem erlauben, **genau dieses Gefühl** zu erleben. Wer sich ständig ärgert, kommt regelrecht auf Entzug, wenn er sich plötzlich freuen soll. Wer sich häufig freut, der fühlt sich irgendwie „fremd", wenn er sich plötzlich ständig ärgern soll. Aus diesem Grunde „weiß" der Körper, welches seine üblichen, gewohnten Gefühle sind. Neue Gefühle, die man lange nicht zugelassen hat, muss man regelrecht einüben, so wie man Muskeln trainieren muss. Das ist die Chance.

Glück kann man lernen

Emotionen wie Angst, Ärger, Glück und Traurigkeit sind angeboren. Aber welche Gefühle zugelassen werden (dürfen), ist sozial erlernt. Wer ein Gefühl wie Freude häufig zulassen durfte und daher später vor allem Situationen aufsucht, die dieses Gefühl wieder auslösen, der trainiert seine „Freude-Rezeptoren". Entsprechend steigt die „Baseline", die Menge des normalerweise verfügbaren Botenstoffes von Endorphin, Serotonin und Dopamin.

Freude und Glück sind Gefühle, die energetisieren und beleben. Wer sich freut, fühlt sich **energiegeladen** und aktiv, man fühlt sich auch fähig, Dinge zu gestalten und zu verändern. Freude ebenso wie Glück gibt auch das Gefühl, über sich selbst hinauswachsen zu können. Energetisch heben sie einen regelrecht in die „Höhe". Mit Freude und Glück werden **Bewegungen in die Vertikale** assoziiert, wir springen in die Höhe vor Freude, fühlen uns erhoben, möchten den Himmel umarmen. Visuell sind diese Emotionen mit Helligkeit und freundlichen Farben verbunden: Die Stimmung ist sonnig, das Gemüt heiter und aufgehellt, man mag helle „freundliche" Farben.

Freude hat, so die Psychologin Verena Kast, auch Konsequenzen für **zwischenmenschliche Beziehungen**: Wer glücklich oder in freudiger Stimmung ist, betont in Beziehungen das Gemeinsame, das was passt. Wer unglücklich ist, fokussiert eher auf das, was nicht übereinstimmt. Je mehr Menschen nach Gemeinsamkeiten suchen, desto eher fühlen sie sich miteinander verbunden, je eher sie auf Unterschiede achten, desto eher fühlen sie sich unpassend, von anderen getrennt und isoliert – oder man findet den anderen unpassend. Seit jeher haben Menschen Angst vor dem „Fremden", vor dem, der nicht zu ihnen passt, und es hat viele Versuche gegeben, das Gefühl der Angst durch ein Gefühl der Freude über den anderen quasi zu ersetzen, z.B. indem man den Fremden prinzipiell als „Gast" definierte.

Überdies können Menschen in freudigem Zustand über sich hinauswachsen und ihre **eigenen Grenzen überschreiten**. Plötzlich traut man sich mehr zu, als man je für möglich gehalten hat.

Freude ist, ebenso wie Glück, überaus wertvoll für das eigene **Selbstwertgefühl**. Beide Emotionen verbessern die Selbstwertregulation, d.h., man fühlt sich selbstbewusster, selbstsicherer und lässt sich von stressigen Ereignissen nicht so sehr umpusten. Das stimmt genau mit dem überein, was über die **Endorphinausschüttung** bereits gesagt worden ist (siehe S. 70).

Freude und Glück sind **kostbare Gefühle**. Wer Freude und Glück zulassen kann und darf, sucht automatisch entsprechende Situationen häufiger auf und gewinnt jedes Mal dabei, sowohl biologisch, weil mehr Serotonin und Endorphine produziert werden, als auch psychologisch.

Bewegung

Freude ist ein Gefühl, das vor allem über **Bewegung** ausgedrückt wird. Kinder zeigen ihre Freude und ihr Glück, indem sie herumtoben und sich bewegen wollen.

Wenn wir glücklich sind, möchten wir Luftsprünge machen, tanzen, herumhüpfen, rennen, Purzelbäume schlagen (je nach Lebensalter).

1. GLÜCKSTIPP

Wenn Sie sich freuen und es sich sozial leisten können: **Tanzen** Sie. Hüpfen Sie durch die Wohnung. Machen Sie Luftsprünge. **Erinnern Sie sich** daran, wie es als Kind war, so richtig ungehemmt seine Freude ausdrücken zu können: Wie es war, Purzelbäume zu schlagen oder das erste Fahrrad geschenkt zu bekommen und durch die Gegend zu sausen. Wie es war, zum ersten Mal Schlittschuh laufen zu können. Wie es war, immer wieder voll Begeisterung auf dem Bett herumzuhüpfen.

2. GLÜCKSTIPP

Wenn Sie merken, dass sie gestresst oder deprimiert sind: Richten Sie sich **kerzengrade** auf. Kreisen Sie mit den Schultern, gehen Sie um den Häuserblock, machen Sie schnelle Musik an und tanzen Sie – trotz Ihrer Stimmungslage.

3. GLÜCKSTIPP

Sport wird heutzutage fast nur noch unter dem Aspekt von **Leistung** und Fitness gesehen und begründet. Da ist etwas Wahres dran. Sport macht fit, und wer fit ist, fühlt sich gesünder, besser und im Endeffekt auch glücklicher.

Aber, wie viel Glück wir bei einer Tätigkeit erleben, hängt eben in sehr hohem Maße auch von den **Erwartungen** und inneren Bildern ab, die wir uns machen. Wenn man eine sehr eng umschriebene Erwartung hat, man müsse bei allen Sportarten der Beste, der Schnellste, der Geschickteste sein und alle anderen müssten einen als den Tollsten anerkennen, dann ist das eine egozentrische Phantasie, die sehr wahrscheinlich enttäuscht wird. Erstens ist man vielleicht erkältet oder gerade krank gewesen und eben nicht der oder die Schnellste oder aber, die anderen wollen auch die Schnellsten sein und wollen unsere Anerkennung – was in ungemütlichen Machtkämpfen enden kann, die in weiterer Folge sehr unglücklich machen können.

Mit der Vorstellung im Kopf, dass Sport nur für die Glücksform „**Anerkennung**" zuständig ist, ist das Enttäuschungspotenzial sehr groß.

Überprüfen Sie also, was Sie vom Sport erwarten: Es gibt mehr Glücksformen als nur Anerkennung.

4. GLÜCKSTIPP

Wenn Sie Sport treiben, richten Sie Ihre Aufmerksamkeit auf die **Freude an der Bewegung**, an der Natur, am Sonnenlicht, auf Ihren Körper, der sich durch den Raum bewegt:

- Was sehen Sie um sich herum?
- Was hören Sie?
- Was spüren Sie?
- Was riechen Sie?

Genießen Sie Sport **mit allen Sinnen**.

5. GLÜCKSTIPP

Wählen Sie Ihre Sportarten aus: Alle **konkurrierenden** Sportarten, in denen der Wettbewerb eine große Rolle spielt, steigern den **Dopaminspiegel**. Alle **ausgleichenden**, beruhigenden Ausdauersportarten steigern den **Serotoninspiegel** (Nordic Walking, Yoga).

Bewegungsfähigkeit und Kraft werden biologisch durch ein insgesamt gehobeneres Lebensgefühl belohnt.

Ausdauertraining bei 60 bis 70 Prozent des Maximalpulses, ca. 30 bis 45 Minuten, möglichst täglich, hebt den Serotoninspiegel.

Krafttraining steigert kurzfristig den Dopaminspiegel und langfristig den Serotoninspiegel, da auf indirektem Wege bei mehr Muskelmasse mehr von dem Ausgangsstoff für Serotonin, L-Tryptophan, ins Gehirn transportiert werden kann.

Die allerbeste Zeit für **serotoninsteigernde Spaziergänge** ist morgens.

6. GLÜCKSTIPP

Eine der bekanntesten Belohnungen durch Endorphine ist das **„Runner's High"** der Jogger und Läufer. Diese **belohnende Endorphinausschüttung** wird von vielen angestrebt, aber nicht von allen erreicht, denn der Körper „belohnt" in diesem Falle den Sport nicht, sondern möchte einem offenkundig um sein Leben rennendes Individuum helfen, trotz Erschöpfung noch weiterlaufen zu können. Daher muss man schon bis an seine persönliche Grenze rennen, um dieses High zu erleben.

Eigentlich gilt: Wer so lange Sport getrieben hat, dass er ein „Runner's High" erlebt, der hat **zu viel** gemacht. Versuchen Sie also nicht unbedingt, ein Runner's High zu erzwingen.

Sie brauchen ohnehin eine gewisse Zeit am Anfang, wie bei vielem, was hier vorgeschlagen wird, um Sport so zur **Gewohnheit** zu machen, dass er Ihnen fehlt, wenn Sie ihn nicht mehr ausüben. Je gestresster und depressiver Menschen sind, desto mehr tendieren sie dazu, keinen Sport zu treiben. In Wahrheit wirkt eine halbe Stunde Sport am Tag besser als die meisten Medikamente (ausgenommen sind schwere Krisen, in denen es ohne Medikamente nicht geht) und kann einer Depression vorbeugen.

Bewegung drückt **Freude und Glück** aus und Bewegung und Sport machen glücklich!

7. GLÜCKSTIPP

Jeder Kontakt mit dem **Tageslicht** hebt den Serotoninspiegel. Die Serotoninproduktion wird erst bei rd. 2500 Lux angekurbelt, das ist eine Lichtintensität, die im Zimmer nicht erreicht wird. Am besten wirkt eine Lichtdusche morgens früh, daher ist es am besten, wenn man morgens aufsteht und dann einen **Spaziergang** macht oder zu den **Nordic-Walking-Stöcken** greift.

Alternativ: Tageslichtlampen gibt es heute bereits unter 100 Euro. Ein bis zwei Stunden am Tag können das Wohlbefinden, besonders im Winter, enorm steigern.

Rhythmus

Schnelle Rhythmen **energetisieren** und können Freude auslösen. Wer Freude oder Glück steigern möchte, kann schnelle Musik auflegen oder sich rhythmisch bewegen.

Auch **Trommeln** kann Glücksgefühle steigern ebenso wie Rhythmustanz.

8. GLÜCKSTIPP

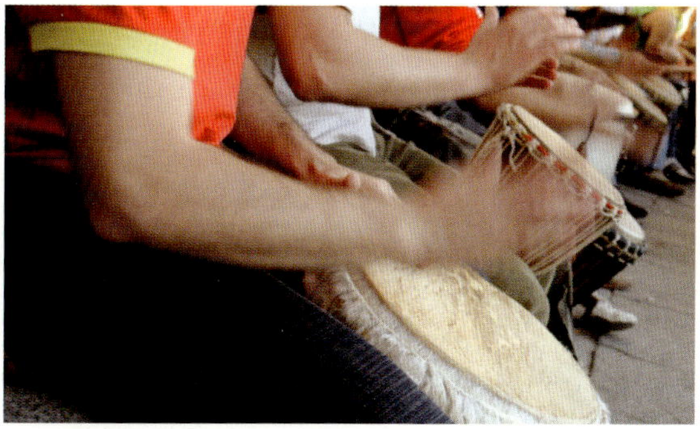

Suchen Sie sich Menschen, mit denen Sie Freude und Glück **teilen** möchten und mit denen Sie gemeinsam rhythmisch tanzen oder trommeln können.

Atem

Tiefe Bauchatmung bewirkt eine **Ausschüttung von Endorphinen** und wirkt daher angstlösend und beruhigend. Der Volksmund sagt nicht umsonst: „Erst einmal tief durchatmen“, wenn es stressig wird. Alle großen Heilungssysteme wie Yoga, Hypnose, Meditation beruhen darauf, dass vor jeder Intervention oder Übung zuerst der **Atemrhythmus verändert** wird. Üblicherweise wird das so begründet, dass das Gehirn **mehr Sauerstoff** erhält, wenn man tiefer durchatmet, und das stimmt auch.

Aber ebenso stimmt es, dass mittels **Endorphinen** fast eine sofortige Stressreduktion einsetzt. Wenn man **Angst** hat, wird die Atmung fast automatisch flacher und reicht nicht bis in den Bauch hinein. Die Folge ist, das Gehirn bekommt weniger Sauerstoff und die Menge der im Blut zirkulierenden Angsthormone steigt an – was zu noch mehr Stress führt.

Es gibt **Therapieformen**, die nur auf das Bewusstmachen und die Veränderung des Atems beruhen.

Aber obwohl die Veränderung des Atemmusters an sich billig und leicht zu praktizieren ist, wird diese Möglichkeit häufig nicht genützt. Auch das hängt mit der **biochemischen Baseline** zusammen, die jemand als Teil seiner Identität zu akzeptieren gelernt hat. Der Atemrhythmus greift tief in das Gefühl von „Identität“ ein und schon eine geringfügige Veränderung, eine einfach nur regelmäßigere oder tiefere Bauchatmung fühlt sich erst einmal fremd an – auch wenn sie an sich kurzfristig wohltuend ist. Das Gehirn akzeptiert Veränderungen vor allem dann, wenn sie sich **wiederholen**. Es braucht also eine Zeit von ein bis zwei Monaten, bis sich ein neuer Atemrhythmus etabliert hat.

Auf den folgenden Seiten möchte ich Ihnen **drei hilfreiche Atemübungen** vorstellen.

9. GLÜCKSTIPP

1. Schritt:
Legen Sie drei Finger zusammen und legen Sie diese quer unter Ihren Bauchnabel (rechte oder linke Hand ist egal).

2. Schritt:
Unter Ihren Fingern findet sich ein bestimmter Punkt. Es ist ein energetischer Punkt, kein anatomischer, aber hier ist der Punkt, an dem der Körper **sein inneres Gleichgewicht** aufrecht erhält.

3. Schritt:
Fokussieren Sie Ihre Aufmerksamkeit ausschließlich auf diesen Punkt.

4. Schritt:
Atmen Sie jetzt genau in Richtung dieses Punktes. Das Zwerchfell geht nach unten, in Richtung dieses Punktes. Das erlaubt den Lungen, sich vollständig mit Sauerstoff zu füllen.

5. Schritt:
Beim Ausatmen entspannen Sie Ihren Bauch und Ihr Zwerchfell.

Nehmen Sie sich für diese Übung so viel Zeit, wie Sie möchten.

10. GLÜCKSTIPP

Dies ist eine Technik aus dem **Yoga**, die die **vollständige Atmung** genannt wird und binnen kurzer Zeit zentrierend und entspannend wirkt:

Setzen Sie sich bequem hin.

1. Schritt:
Atmen Sie durch die Nase aus und ziehen dabei den Bauch so weit wie möglich ein.

2. Schritt:
Atmen Sie dann ganz langsam und ruhig durch die Nase wieder ein und versuchen Sie dabei, den Bauch mit der Bauchmuskulatur herauszupressen.

3. Schritt:
Setzen Sie das Einatmen fort, dabei beginnen Sie, die Bauchmuskeln einzuziehen und die Brust zu dehnen.

4. Schritt:
Noch weiter durch die Nase einatmen und dabei die Schultern so weit wie möglich anheben. Mit angehobenen Schultern die Luft anhalten und bis 5 zählen.

5. Schritt:
Tief ausatmen (durch die Nase), Brust und Schultern entspannen, Bauch einziehen.

Wiederholen Sie die Übung, so oft Sie mögen.

11. GLÜCKSTIPP

Diese Technik stammt aus der **Energetischen Psychotherapie** und heißt **Hook ups** (zu Deutsch: hook up = Verbindung)

1. Schritt:
Setzen Sie sich auf einen Stuhl und legen Sie einen Fuß über den anderen (ob rechts über links oder links über rechts ist egal).

2. Schritt:
Strecken Sie die Arme nach vorn, drehen Sie die Handflächen nach außen, sodass die Daumen nach unten zeigen. Überkreuzen Sie nun die Hände, sodass sich die Handflächen berühren und die Daumen noch immer nach unten zeigen. Verschränken Sie nun die Finger und drehen Sie die Hände nach innen bis vor die Brust. Die Ellbogen gehen dabei auseinander. Wem das zu kompliziert ist, der kann auch einfach die Handflächen vor der Brust zusammenlegen.

3. Schritt:
Aufrecht sitzen, Kinn ein wenig zur Brust neigen.

4. Schritt:
Durch die Nase einatmen, dabei berührt die Zunge den Gaumen hinter den Schneidezähnen. Stellen Sie sich vor, Sie atmen durch die Schädeldecke nach oben hindurch, so weit nach oben wie irgend möglich.

5. Schritt:
Beim Ausatmen durch den Mund ausatmen und die Zunge fallen lassen. Stellen Sie sich vor, Sie atmen durch die Füße hindurch, bis tief in den Boden hinein.

Führen Sie diese Übung mindestens 1 Minute lang durch.

Häufig reicht es aber schon, wenn Sie sich bei allen Tätigkeiten immer wieder daran **erinnern**, tief einzuatmen. Ein veränderter Atemrhythmus mit regelmäßiger tiefer Bauchatmung sorgt fast sofort dafür, dass Sie **weniger Hunger** haben und so leichter an Gewicht verlieren. Denn die Steigerung des Endorphinspiegels ist ja bekanntlich für den Körper das Signal: Du hast, was du brauchst.

Ernährung

Wie alle Botenstoffe muss auch der Glücksstoff Endorphin aus **Aminosäuren**, also Eiweißbausteinen, aufgebaut werden; hinzu kommen Mineralstoffe und Spurenelemente. In einer Zeit verstärkter Anspannung und Stress kommt es daher sehr darauf an, **erschöpfte Endorphinvorräte** mit einer angemessenen Ernährung wieder aufzufüllen.

Ebenso wichtig ist es, sich zu verdeutlichen, dass **Alkoholkonsum** zwar kurzfristig eine Endorphinausschüttung bewirkt, langfristig aber dafür sorgt, dass die Endorphinproduktion im Gehirn abnimmt. Es ist daher unsinnig anzunehmen, dass Alkoholiker zu Alkoholikern geworden sind, weil sie eine geringe Frustrationstoleranz haben. Eine geringe **Frustrationstoleranz** ist eine Folge von Endorphinmangel und daher haben Alkoholiker sehr häufig eine geringe Frustrationstoleranz, weil sie Alkoholiker sind und nicht umgekehrt. Die Frustrationstoleranz lässt sich nur steigern, indem man dafür sorgt, dass dem Körper die Ernährung zugeführt wird, die überhaupt die **Voraussetzungen für Endorphinaufbau** gewährleistet.

12. GLÜCKSTIPP

Wie muss unsere Ernährung aussehen, damit eine erhöhte Endorphinausschüttung gewährleistet wird?

Aminosäuren

Endorphine werden – im Gegensatz zu anderen Transmittern wie Serotonin oder Dopamin – nicht aus einer Aminosäure aufgebaut, sondern aus bis zu fünfzehn! Eine gute Endorphinproduktion benötigt eine **ständige Zufuhr an Eiweiß**, wie sie beispielsweise mit Fisch, Eiern, Käse, Huhn oder Tofu und Hülsenfrüchten gegeben ist.

Wenn man unter stressbedingten Endorphinmangel leidet, braucht man genügend Eiweiß, mindestens 20 bis 30 Gramm drei Mal am Tag. Wer **Vegetarier** ist, muss sehr sorgfältig sein, um eine typisch eiweißarme vegetarische Diät zu vermeiden (so könnten Eier in den Ernährungsplan hinzugenommen werden oder Quinoa, Hülsenfrüchte, Käse, Tofu).

Fette und Öle sorgen auch für eine Endorphinausschüttung, die wiederum dafür sorgt, dass man zufrieden mit seiner Mahlzeit ist. Fett wird natürlicherweise kombiniert mit Eiweiß. Wer auf eine fettarme Diät gesetzt wurde, kann in die **Endorphinfalle** geraten, die Endorphinspiegel können unangenehm sinken.

Einer der Gründe, warum **Diäten** so schwer durchzuhalten sind, ist, dass sowohl Low-Fat, Low-Calorie und stark kohlenhydratbetonte Diäten den Aufbau von Endorphinen behindern können, was erst zu depressiven Verstimmungen und dann zur **Gier** nach Nahrungsmitteln führt, die kurzfristige Erleichterung versprechen, weil sie schnell für eine Endorphinausschüttung sorgen: Schokolade, Pizza, Kuchen, Brötchen ... Diese Nahrungsmittel helfen aber bei einer gesunden Endorphinproduktion nicht mit und können daher in die Sucht führen.

Gute Nahrungsquellen für eine ausreichende Endorphinproduktion sind: Fisch, Fleisch,

Geflügel, Soja- oder Tofuprodukte, Magerkäse, Hülsenfrüchte, Milch- und Milchprodukte, Roggen, Nüsse, Samen und Kerne.

Bei einer Diät sollte man **Eiweiß-Shakes** als Ergänzung nehmen, um hier nicht ins Defizit zu geraten.

Fette

Ebenso wichtig für gute Gefühle ist die Wahl der richtigen Fette in der Ernährung, denn der Konsum von falschen Fetten kann unmittelbar zu **Depressionen** beitragen.

Intensiv in der Diskussion ist das Verhältnis von **Omega-6-Fettsäuren** (Linolsäuren) und **Omega-3-Fettsäuren** (Alpha-Linolsäuren). Beide sind mehrfach ungesättigte Fettsäuren, außerdem sind sie essenziell, d.h., sie müssen mit der Nahrung aufgenommen werden. Je mehr Omega-6-Fettsäuren im Verhältnis zu Omega-3-Fettsäuren konsumiert werden, desto depressiver wird die Stimmung. Dennoch: Auch die Omega-6-Fettsäuren werden gebraucht, jedoch nicht in dem Maße, wie sie üblicherweise verzehrt werden.

Omega-6-Fettsäuren finden sich in Nachtkerzen- und Borretschöl, vor allem aber in Samen und Kernen. Gute Öle sind Hanf-, Kürbiskern-, Sonnenblumen-, Distel-, Sesam-, Mais-, Walnuss-, Soja- und Weizenkeimöl.

Omega-3-Fettsäuren kommen in Fischen, wie z.B. Makrele, Hering, Thunfisch und Lachs, vor.

Der Hauptfeind dieser beiden Fette und somit ein erklärter Feind allen Glücksempfindens sind die sogenannten **Transfette**. Transfette sind chemisch gehärtete, industriell hergestellte Fette, die sich in fast allen industriell hergestellten **Fertiggerichten** finden, wie Pizza, Kuchen, Süßigkeiten, Chips. Der menschliche Körper ist auf die Verstoffwechslung dieser Fette nicht wirklich eingestellt. Wenn man viel von diesen Fetten isst, kann der Körper die essenziellen Fettsäuren – Omega-3-Fettsäuren und Omega-6-Fettsäuren – deshalb nicht mehr richtig verwerten. Diese Fette und ihre richtige Verwertung braucht das **Gehirn** aber, um nicht in die Depressionsfalle zu geraten.

Vitamine und Mineralstoffe

Für die Verstoffwechslung der auf Seite 96 genannten Aminosäuren werden sehr viele verschiedene Mineralstoffe und Spurenelemente gebraucht, die wichtigsten sind die **B-Vitamine** und hier vor allem **Vitamin B6**.

Wenn Vitamin B6 (Pyridoxin) fehlt, kommt es zu **Eiweißmangel**, egal, wie viel Eiweiß man gegessen hat. Pyridoxin liefert in der Leber die Enzyme, die Aminosäuren weiterverwerten. Diese Enzyme regulieren dabei die Stoffwechselverwertung von Eiweiß. Ohne Vitamin B6 können die wichtigsten **Glücksbotenstoffe** wie Serotonin, Dopamin und Endorphine **nicht aufgebaut** werden. Praktisch alle Mitteleuropäer leiden unter Pyridoxinmangel.

Wenn man zu viel Lebensmittel wie Zucker, Pizza, Kuchen etc. isst, werden große Mengen an Aminosäuren, die nur halb verwertet wurden, wieder aus dem Körper **ausgeschieden**. Hinzu kommt, dass die Vitamin-B6-Vorräte bei Stress sehr schnell aufgebraucht werden. Vitamin B6 kann in der Leber nicht gespeichert werden und wird schon acht Stunden nach der Einnahme wieder über den Urin ausgeschieden. Daher sollte man regelmäßig für Nachschub sorgen. **Vitamin B6** findet sich in Lachs, Sojabohnen, Weizenkeimen, Linsen, Huhn, Spinat, Avocado, Thunfisch, Vollkorngetreide.

Allerdings sollten immer **alle B-Vitamine zusammen** gegessen werden, da das Zusammenspiel erst die volle Wirkung entstehen lässt. Wer sich nicht sicher ist, dass seine Ernährung ausreicht, kann **Bierhefetabletten** nach Packungsanweisung nehmen.

Wenn man schwer gestresst ist und sich verstimmt fühlt, ist es durchaus sinnvoll, regelmäßig ein **Nahrungsergänzungsmittel** mit allen Mineralstoffen und Spurenelementen zu nehmen. Das gilt ganz besonders für die Menschen, die unter Heißhungerattacken auf Süßigkeiten leiden.

Eine **Diät**, die optimal für die Produktion von Endorphinen und anderen Glücksbotenstoffen sorgt, besteht aus viel Eiweiß, viel Gemüse, etwas Fett und etwas Obst sowie Vollkornbrot oder Müsli in Maßen.

Freude und Glück akzeptieren

Freude und Glück sind Gefühle, die einen **ergreifen**. Man kann sie nicht „machen", aber man muss sie nutzen, wenn sie auftauchen. Man kann sie auch nicht aufheben.

Natürlich kann man sich an freudige Ereignisse immer wieder **erinnern** und sich so immer wieder **neu freuen**. Freude lässt sich aber niemals erzwingen: Heute ist Weihnachten/Ostern/Geburtstag, da wird sich gefreut und alle müssen guter Stimmung sein – das funktioniert nicht.

13. GLÜCKSTIPP

Genießen Sie Glück und Freude, wenn sie davon ergriffen sind.

Führen Sie ein kleines Freuden- bzw. **Glückstagebuch**.

Freude und Glück währen bekanntermaßen **nicht ewig**. Das geht, wie gezeigt wurde, schon aus biologischen Gründen nicht. Aber weil Freude und Glück so sehr in die **Höhe** heben können, kann es eben auch zu einem **„Absturz"** kommen, wenn beide Emotionen nachlassen. Dieser Absturz wird von vielen Menschen als Problem erlebt, er ist oft auch gefürchtet. Aber dieser Absturz ist ein durchaus **normales Erleben**. Man kann nicht immer „high" sein und sollte dies auch nicht anstreben.

Kein Mensch ist ständig glücklich, und wenn er es doch zu sein scheint, besteht der Verdacht, dass andere Gefühle mit einer künstlichen Freude abgewehrt werden.

14. GLÜCKSTIPP

Akzeptieren Sie daher das **Nachlassen der Stimmung**, wenn die Freude wieder aufhört, als etwas Normales. Häufig wird das als katastrophal erlebt, aber das ist es nicht. Es ist einfach normal und biologisch notwendig und je weniger man sich vor diesem Nachlassen der Stimmung fürchtet, desto mehr Freude und Glück kann man zulassen.

Denn genau dieses Nachlassen der Stimmung ist der Grund, warum viele Menschen **Freude und Glück meiden**. Freude und Glück heben einen hoch und der Absturz ist dann manchmal tief. Und weil man die Enttäuschung fürchtet, lässt man die Freude erst gar nicht zu.

Ideen und Umsetzung

Freude und Glück heben in die Höhe, machen **begeisterungsfähig** und in diesem Zustand hat man viele **gute Ideen**. Es scheint einem so, als würde einem alles zufliegen. Das ist ein wunderbares Erlebnis, so wunderbar, dass manche Menschen jede Woche wieder eine wunderbare neue Idee haben. Wenn man sie aber fragt, ob die alte eigentlich umgesetzt worden ist, dann winken sie ab.

Ideen alleine können einen begeistern, aber auch die allerbeste Idee macht nur **glücklich**, wenn sie auch **umgesetzt** wird. Und das ist ein Prozess, der häufig mehr mit harter Arbeit und dem Dasein auf der Erde zu tun hat als das Luftschloss.

15. GLÜCKSTIPP

Stellen Sie sich regelmäßig bei der Arbeit oder im Freizeitbereich **Herausforderungen** bzw. setzen Sie sich Ziele, die ihre Kräfte und Fähigkeiten weder völlig überfordern noch unterfordern, sodass es etwas Neues zu lernen gibt.

Wenn Sie Fußball mögen, spielen Sie gezielt immer etwas besser. Wenn Sie gerne lesen, nehmen Sie ein Buch zur Hand, das etwas anspruchsvoller ist als das, das Sie sonst immer lesen. Wenn in der Arbeit eine Tätigkeit wirklich öde und langweilig ist, probieren Sie es mit der Vorstellung, diese Arbeit einen kleinen Tick genauer oder schneller als normal zu erledigen. Sie werden biologisch dafür **belohnt** und die anderen freuen sich.

Wechsel zwischen den verschiedenen Glücksformen

Ab Seite 30 wurden zwei verschiedene Glücksformen dargestellt: die Glücksform der **antizipatorischen** Phase und die Glücksform der **konsumatorischen** Phase oder anders formuliert: der Wechsel zwischen „Arbeit" im weitesten Sinne und Genuss bzw. Konsum. Manche Menschen suchen ihre Freude nur in der einen Form, manche nur in der anderen.

Ein Beispiel: Wer gerne isst, kann zum Gourmet oder zum Gourmand oder zum Süchtigen werden. Dieser Mensch strebt dann das Glück der **konsumatorischen** Phase an, der Bequemlichkeit und Muße. Wie alle Glücksformen ist dieses Glück nicht schlecht und nicht zu verachten, nur stumpft es ohne die Freuden der antizipatorischen Phase ab. Literweise Eis oder tütenweise Chips, ohne antizipatorische Phase leicht und bequem zu konsumieren, benebeln durch eine **kurzzeitige Endorphinausschüttung** und wirken vielleicht eine Weile lang schmerzlindernd, steigern sogar das Wohlbefinden etwas, aber sie machen nicht langfristig glücklich.

Wer also sich sein Glück in diesem Bereich erhalten möchte, sollte sich vornehmen, für **Abwechslung** und ein bisschen „Jagd" und Aufregung, für etwas mehr Ausschüttung von Dopamin zu sorgen. Beispielsweise, indem er Kochen lernt und sich zum Ziel setzt, neue Gerichte auszuprobieren und so gut darin zu werden, dass er andere Menschen einladen und bekochen kann. Oder indem er sich mit Restaurants und den verschiedenen Küchen und Weinen beschäftigt und die verschiedenen Geschmacksrichtungen und Gewürze schmecken und unterscheiden lernt. Irgendwann kann man dann wiederum andere Interessierte beraten, was zu neuen Freundschaften führen kann. Nach einer gewissen Anlaufzeit, in der die Anstrengung das Glück etwas überwiegt, **belohnt** der Körper und das Gehirn alle diese Handlungen mit mehr und intensiverem Glück, als er es für das pure Konsumieren tut.

16. GLÜCKSTIPP

Fragen Sie sich und machen Sie sich, wenn möglich, dazu Notizen: Welche der beiden **Glücksphasen** bevorzugen Sie:

- die konsumatorische, genießerische, entspannende Wohlfühlphase

oder

- die antizipatorische, hellwache „Jagd"-Phase?

Balancieren Sie Ihre bevorzugten Glücksform so, dass Sie die jeweils andere Phase etwas **mehr betonen**.

Die antizipatorische Phase hat auch viel mit **Bewegung** zu tun, die konsumatorische Phase viel mit **Ruhe**. Da Glück und Freude vor allem durch Bewegungen ausgedrückt werden, ist jede Form der Bewegung energetisierend. Je mehr man sich sitzend freuen möchte, desto weniger kann man sich freuen und glücklich sein.

Lenkung der Aufmerksamkeit

Bei allen diskutierten Glücksformen spielt die **Lenkung der Aufmerksamkeit** eine wichtige Rolle. Bei manchen Menschen ist sie sehr stark nach **außen** gerichtet, diese Menschen bekommen viel von dem mit, was in ihrer Umwelt passiert. Bei manchen Menschen ist sie mehr nach **innen** gerichtet, diese Menschen wissen viel über das, was in ihnen selbst vorgeht.

Glück erfordert beide Formen der Aufmerksamkeit: Sowohl die Fähigkeit mit allen Sinnen wahrzunehmen, was außen vorgeht, als auch die Fähigkeit, nach innen zu schauen, denn nur dann weiß man, was man selbst fühlt und denkt.

17. GLÜCKSTIPP

Wechseln Sie mit Ihrer Aufmerksamkeit bewusst regelmäßig zwischen **Außenwelt und Innenwelt**.

Wenn Sie es gewöhnt sind, mehr nach außen zu schauen, fokussieren Sie nach **innen** und fragen Sie sich: Welche Erfahrungen habe ich über ... gespeichert?

Wenn Sie es gewöhnt sind, nach innen zu fokussieren, richten Sie Ihre Aufmerksamkeit immer wieder auf die **Außenwelt**: Was sehe ich jetzt? Wie sieht es aus? Was höre ich? Was ist hier neu?

Alle Grundbedürfnisse erfüllen

Wie bereits im Kapitel über die drei großen Lebensaufgaben des Menschen (ab Seite 17) beschrieben, sollte es ein Ziel sein, dass **alle Grundbedürfnisse** erfüllt werden. Natürlich ist das ein ideales Ziel, das nicht immer und von jedem erreicht werden kann.

Sehr häufig können wir nicht für eine Erfüllung aller Grundbedürfnisse sorgen, weil das Glücksempfinden in einem oder in mehreren der drei Überlebenssysteme (primäres Überlebenssystem, Herde, Reproduktion) durch die Umwelt **gehemmt** worden ist. Das muss nicht immer ein offenes Verbot gewesen sein, ein verachtender oder missbilligender Blick reicht. Häufig wird dann das hemmende Erlebnis einfach vergessen und man sucht die entsprechende Glücksmöglichkeit nicht mehr auf.

Wenn die Erfüllung einer Glücksform mit sehr vielen und intensiven **Schuldgefühlen** belastet wurde, braucht man vielleicht Unterstützung von Dritten. Aber vieles ist schon gewonnen, wenn man das, was man unbewusst und ohne Aufmerksamkeit tut, durch bewusste Reflexion ersetzt, d.h., wenn man sich klar macht, welche **Glücksform** man eigentlich **konstant vernachlässigt**. Das wiederum führt dazu, dass der Fokus der Aufmerksamkeit auf neue Möglichkeiten gerichtet werden kann.

18. GLÜCKSTIPP

Führen Sie ein **Tagebuch**, in dem Sie für jeden Tag notieren:

- Welche Glücksform habe ich heute **bevorzugt**?
- Welche Glücksform habe ich heute **vernachlässigt**?

Machen Sie für jedes der drei Überlebenssysteme (primäres Überlebenssystem, Herde, Reproduktion) Notizen.

Freude und Glück in sozialen Situationen

Ein Grund, warum Menschen irgendwann keine Freude mehr empfinden können, ist der, dass der **Ausdruck von Freude** mit zunehmendem Lebensalter mehr und mehr eingeschränkt wird. Wir erwarten von einem Kind, dass es vor Freude und Glück jubelnd herumspringt, von einem älteren Kind, dass es strahlt, von einem Adoleszenten, dass er cool ist und ein Erwachsener darf allenfalls zurückhaltend lächeln, wenn überhaupt.

Ein Erwachsener, der seine Freude **ungehemmt** zum Ausdruck bringt, wird manchmal beurteilt wie ein Kind – und wir sagen dann: „Der hat aber etwas Kindliches." Oder: „Der kann sich ja freuen wie ein kleines Kind." Das ist nicht immer nett gemeint und drückt durchaus etwas **Missbilligendes** aus.

Das ist schade, denn **Freude steckt an**. Wir empfinden viel Freude und Glück, wenn wir Freude und Glück mit anderen Menschen **teilen** können, die uns ihre Freude zeigen. Eine der besten Methoden, Freude zu erleben, ist, sich durch die Freude anderer **anstecken** zu lassen. Wer jemandem ein Geschenk macht und dieser freut sich aufrichtig darüber, der macht auch den Geber glücklich.

Freude an der Freude der anderen, so Verena Kast, macht besonders viel Freude. Wenn man seine Freude nun gar nicht mehr zeigt, bringt man andere Menschen um diese Möglichkeit des Freuens und man bringt sich auch selbst um gute Gefühle.

19. GLÜCKSTIPP

Zeigen Sie Ihre Freude und wenn jemand Ihnen seine Freude zeigt, freuen Sie sich mit. Verurteilen Sie ihn nicht. Er macht Ihnen mit seiner Freude ein **großes Geschenk**.

Glücksverbote

Ein weiterer Grund, warum Menschen aufhören, glücklich zu sein, und dafür sorgen, dass dieser Zustand auch so bleibt, ist der, dass Glück und Freude häufig dann als **unfein oder unschicklich** gelten, wenn andere Menschen unglücklich sind. Es gibt regelrechte **Glücksverbote**.

Das erste Anti-Glücksargument

Das wird Kindern und Erwachsenen gerne durch spitze Bemerkungen vermittelt. Das erste große Anti-Glücksargument geriert sich häufig sozial. Ein Beispiel:

„Wie kann man sich nur freuen und glücklich sein, wenn gleichzeitig das Weltklima auf der Kippe steht?" Oder auch: „Wie kannst du jetzt nur so happy sein, wo in Haiti über 100 000 Menschen das verheerende Erdbeben nicht überlebt haben?"

Das Argument ist wirksam, weil es **an das Gewissen** appelliert, aber es ist äußerst destruktiv. Wer würde sich wohl eher für das Weltklima einsetzen: jemand, der glücklich ist und viele Ideen hat und sich überlegt, was aus der Welt werden könnte, wohin sie sich entwickeln könnte, oder jemand, der depressiv, apathisch und passiv zu Hause herumsitzt und Fast-Food futtert? Und, keine einzige Leiche in Haiti wird durch eine miese Stimmung in Europa wieder lebendig.

Gesunde Lebenskraft entsteht nur durch das **Zulassen von Freude** und Glück. Das Weltklima wird nicht besser, wenn alle depressiv herumhängen, aber mit Freude und Glück wird man kreativer und kann neue Lösungen finden.

Das zweite Anti-Glücksargument

Das zweite große Anti-Glücksargument ist noch wirksamer, weil es die **Herkunftsfamilie** mit einbezieht.

Es lautet tendenziell so: „Wie kannst du nur glücklich sein, wo ich es doch nicht bin, wo dein Vater so gelitten hat, wo deine Großeltern doch im Kriege fliehen mussten, deine Mutter früh gestorben ist ..." usw.

Im Prinzip gilt hier das Gleiche, was oben gesagt wurde. Es ist **kein Mangel an Solidarität**, wenn man glücklich wird, obwohl die Großmutter im Krieg fliehen musste oder die Mutter früh gestorben ist. Die geflohene Großmutter hat ein zu würdigendes Schicksal, aber sie hat kein Recht, ihre Traurigkeit und Verzweiflung zur Norm zu machen, und es hilft auch niemandem, wenn die Folgegenerationen an der Verzweiflung der Kriegsgeneration scheitern. Die meisten Toten hätten wohl nichts dagegen, wenn die Lebenden wieder glücklich werden. Nur kann man sie eben nicht mehr fragen, und das erlaubt den Lebenden, die eigenen Ängste vor ihrem Glück auf die Toten zu projizieren.

Das dritte Anti-Glücksargument

Das dritte große Anti-Glücksargument ist **religiös** motiviert und hat ganze Epochen bestimmt. Auch bei nicht religiösen Menschen ist es so sehr Teil des kollektiven Erlebens, dass es wirkt.

Es lautet: „Wie kannst du nur glücklich sein, wo Christus doch gekreuzigt wurde?" Oder auch: „Schau, dem Herrgott würde es aber gar nicht gefallen, wenn du so hemmungslos lachst ..."

Glücklich wird man nach dieser Auffassung erst im Himmel und soll es dort auch erst werden, nicht hier auf der Erde. Denn wie schon dargestellt: **Freude** führt zur Verbrüderung, Freude führt zum Gefühl von Selbstbewusstsein und Freude führt zu Ideen hinsichtlich dessen, was noch alles möglich ist. Das löst bei vielen Menschen, die es lieber hätten, wenn Menschen angepasst sind, und die Verhältnisse bleiben, wie sie sind, durchaus Ängste, vielleicht auch Wut oder Neid und Eifersucht aus. Neid, weil hier ein anderer Gefühle erlebt, die man auch gerne hätte.

Das Argument ist zutiefst unchristlich, denn es gönnt dem anderen **keine guten Gefühle**. Weder Jesus noch Gott haben gefordert, man möge unglücklich auf Erden werden. Gefordert haben das allenfalls Institutionen, die meinten, für Gott oder Jesus sprechen zu können.

20. GLÜCKSTIPP

Fragen Sie sich, wie in Ihrer Kindheit mit Freude und Glück umgegangen wurde:

- Gab es jemanden, der sich mitfreute?
- Wurde Freude **gehemmt** und wenn ja, wie?
- Hemmen Sie mit ähnlichen Argumenten manchmal die Freude von anderen und sich selbst?

Verdeutlichen Sie sich immer wieder, dass es eigentlich Glück und Freude sind, die zu kreativen Lösungen, Mitgefühl, Menschlichkeit führen. Nur mit einem **hohen Endorphinspiegel** sind wir genügend stressresistent, um auch schwierige Situationen angemessen zu bewältigen. Und nur Glück und Freude sorgen auf Dauer für einen hohen Endorphinspiegel.

Der Schatten der Freude

Es gibt einen Genuss in der Zerstörung, der biologisch begründet werden kann: Der Akt der Zerstörung setzt ebenfalls die **energetisierenden Dopaminmoleküle** frei, die ein Gutteil unseres Glückserlebens mitbedingen. Endorphine werden auch **bei Schmerz** ausgeschüttet. Aus diesem Grunde gibt es so etwas wie eine Art sadistischer Freude an der Zerstörung oder am Quälen von Hilflosen (hier kommt auch noch der Machtaspekt ins Spiel). Diese **perverse Freude** hat alle Merkmale einer „echten" Freude: Sie erhebt, sie belebt, sie inspiriert, sie energetisiert, man fühlt sich besser. Es gibt ganz offene Sadismen und es gibt sehr feine Sadismen. Alle oben genannten Anti-Glücksargumente sind im Kern feine Sadismen.

Sadismus ist eine Art von Freude, wenn auch eine pervertierte. Der sadistisch das Glück anderer Hemmende kann also für sich nicht in Anspruch nehmen, dass er selbst keine Freude will.

Sadismus ist eine Art **Aufbegehren**, wenn das Leben zu freudlos wird. Eine noch so pervertierte Freude ist besser als gar keine. Menschen, die sich ritzen oder schneiden, die sich also absichtlich selbst verletzen, suchen genau so eine **Endorphinausschüttung** wie Menschen, die tanzen oder lachen. Man erträgt ein Dasein ohne Endorphine nicht, und daher sucht man nach destruktiven Möglichkeiten, wenn die konstruktiven verbaut worden sind und nicht mehr möglich scheinen.

21. GLÜCKSTIPP

Wenn sich jemand Ihnen gegenüber sadistisch zeigt und verhält, schneiden Sie ihm das Wort ab. Wenn es die eigenen Eltern oder der Lebenspartner ist, machen Sie sich bewusst, dass dieses Verhalten das Resultat **gehemmter** eigener Lebensfreude ist, aber lassen Sie die Worte so wenig wie möglich an sich heran. Wenn es notwendig wird, überprüfen Sie die Beziehung.

Wer regelmäßig Sadismen ausgesetzt wird, verliert sein Selbstbewusstsein und kann im schlimmsten Fall krank werden.

Überprüfen Sie, ob Sie **selbst sadistische Phantasien** oder Tendenzen zeigen. Bis zu einem gewissen Grad haben das alle Menschen, aber wenn das Ausmaß zu groß wird, ist es dringend geboten, professionelle Hilfe zu suchen.

Selbstaufmerksamkeit

Viele Menschen stellen sich den ganzen Tag über die Fragen: Wie werde ich gesehen? Wie werde ich wahrgenommen? Sie treten aus sich heraus und **beobachten** sich so, wie sie glauben, dass andere sie wahrnehmen. Sehe ich gut genug aus? Bin ich schön genug? Habe ich dieses richtig gemacht oder jenes? Was denkt der andere jetzt? Woran muss ich mich anpassen?

Der Fachbegriff für den Prozess, bei welchem man aus dem eigenen Körper hinaustritt und sich von außen sieht heißt: **Selbstaufmerksamkeit**. Es gibt zahlreiche wissenschaftliche Studien, die belegen, dass Menschen mit erhöhter Selbstaufmerksamkeit ein **geringeres Selbstwertgefühl** haben als solche mit weniger Selbstaufmerksamkeit. Je höher die Selbstaufmerksamkeit, desto mehr negative Gefühle werden erlebt. Je niedriger der Serotoninspiegel ist, desto eher tendieren Menschen dazu, mehr Selbstaufmerksamkeit zu entwickeln, was wiederum das Selbstwertgefühl senkt. Jede Aufgabe, die das **Selbst stärkt**, wird biologisch belohnt. Selbstaufmerksamkeit führt dazu, dass das **Selbst geschwächt** wird.

22. GLÜCKSTIPP

Lenken Sie Ihre Aufmerksamkeit über einen längeren Zeitraum ganz bewusst auf Fragen wie:

- Was fühle ich?
- Was sehe ich?
- Was möchte ich?
- Was interessiert mich an diesem Bild, dieser Show, diesem Gedanken, diesem Menschen?
- Was macht mir Spaß?

Diese Fragestellungen werden mit Endorphinen und einem steigenden Serotoninspiegel **belohnt** – und das fühlt sich entsprechend gut an.

Bedenken Sie: Man wird umso neidischer auf glücklichere Mitmenschen, wenn man feststellt, dass es diesen Menschen, die einem noch dazu auf irgendeine Weise nahe sind, besser geht. Meistens ist man weniger neidisch auf den Milliardär aus der Zeitung als auf das Mädchen von nebenan, das im gleichen Alter ist wie man selbst, das Dreifache verdient und das man nicht für besonders klug hält.

Ein Gift, das Menschen mit hoher Selbstaufmerksamkeit plagt, ist das **Gift des Vergleiches**: Sie vergleichen sich ständig mit anderen und schneiden dabei immer schlechter ab, weil sie sich immer solche Vergleichspersonen suchen, denen es besser geht.

Eine erhöhte Selbstaufmerksamkeit führt überdies dazu, dass man seine eigenen Ziele nicht mehr kennt und sich im Übermaß an die Vorstellungen anderer Menschen **anpasst**. Das Erreichen dieser fremdgesteuerten Ziele wird jedoch wesentlich weniger belohnt als Ziele, die einem selbst wirklich Freude machen. Wer Geige spielt, um Applaus zu bekommen, hat keine echte Freude daran und leidet unter den Übungen. Wer Sport nur um der Medaille willen treibt, den quält das Training.

Die Sehnsucht nach **Anerkennung** hat – wie alle hier diskutierten Glücksformen – eine biologische Grundlage und ist an sich nicht wirklich schlecht. Auch hier ist die Ausschließlichkeit der Wahl das Problem.

Scheinbarer Mangel

Ein Mangel in einem oder mehreren der drei Überlebenssysteme kann durch die **Realität** begründet sein. Sehr viel häufiger haben wir jedoch bewusst oder unbewusst **innere Bilder**, auf denen etwas viel Schöneres zu sehen ist, als wir es jetzt gerade haben, vor Augen. Ein Vergleich mit der Realität ergibt dann einen **Mangel**, der vorher gar nicht existiert hat. Daraus folgt die Motivation, diesen Mangel umgehend zu beheben. Die **Werbung** arbeitet so.

Menschen können sich z.B. Bilder machen, wie sie noch schöner, attraktiver werden und sind dann ein Leben lang unglücklich über ihren realen Zustand.

23. GLÜCKSTIPP

Wenn Sie feststellen, dass Sie beginnen, sich mit irgendwem oder irgendwas zu vergleichen und dabei „schlechter" abschneiden, machen Sie sich die Bilder bewusst, die dieses **Mangelgefühl** ausgelöst haben.

Nehmen Sie sich die Zeit, diese Bilder in Ruhe und **mit Distanz** zu betrachten. Was ist wirklich darauf zu sehen? Müssen Sie unbedingt reagieren? Beginnen Sie, sich neue Bilder zu machen, auf denen Sie sich selbst sehen, wie Sie erfolgreich und glücklich sind.

Glück und Ärger

Eine der großen Lehren, die in Glückstrainings- und Selbsthilfebüchern immer wieder Gegenstand der Betrachtung sind, ist die Lehre von den „**Aggressionen**, die ausgedrückt werden müssen". Oder vom „**Ärger**, der ausgelebt werden muss und nicht hinuntergeschluckt werden darf". Ein Beispiel ist Heide-Marie Smolka, die in ihrem „Mein Glücks-Trainings-Buch" vor nicht ausgelebten Emotionen warnt, die sich in "... hohem Blutdruck, Migräne oder dem berühmten Magengeschwür, weil jeder Ärger geschluckt wurde," manifestieren.

Es ist allerdings nachgewiesen, dass Magengeschwüre die Folge einer bakteriellen Infektion sind und keine Folge von hinuntergeschlucktem Ärger. Aber da sich dieser Rat, den Ärger „herauszulassen", in vielen Selbsthilfebüchern wiederfindet, immer versehen mit einer Drohung, ist hier der Ort, sich damit auseinanderzusetzen. Es gibt nämlich kaum einen Ratschlag, der unglücklicher macht.

Aggression ist an sich weder destruktiv noch konstruktiv – sie ist definiert als eine Handlung, bei der jemand **aktiv auf ein Ziel** zugeht, mit der Absicht, das Ziel (also den Menschen oder das Objekt oder die Welt) zu verändern. Wenn ich aktiv auf einen Klumpen Ton zugehe, mit der Absicht, daraus eine Vase zu formen, ist dies eine aggressive, zielgerichtete Handlung. **Umgangssprachlich** wird Aggression aber mit „feindseliger" oder mit „Ärger motivierter" Aggression gleichgesetzt. Das wäre zum Beispiel dann der Fall, wenn ich aktiv auf eine Vase zugehe, mit der Absicht, sie im Rahmen eines Wutanfalls an die Wand zu werfen.

Wenn *jede* Form von Aggression **gehemmt** ist, dann gehen Menschen auf nichts mehr aktiv zu – und das macht in der Tat unglücklich. Wer **nicht konstruktiv aggressiv** im oben genannten Sinne sein kann, der kann auch nicht kreativ sein und ist nicht fähig, irgendetwas zu erschaffen oder ein Ziel anzustreben und zu verwirklichen. Die Konsequenz daraus: Es fehlen jede Menge **Glückserfahrungen** wie Erfolg, Anerkennung, Stolz, Freude an einer Tätigkeit usw.

Aggressiv zu werden, ist an und für sich also weder gut noch schlecht. Es kommt auf die **Motivation** an: Ist sie eher produktiv oder eher zerstörerisch?

Der Ratschlag, **„Ärger ausdrücken“** rät zu feindseliger oder zu Ärger motivierter Aggression. Wer lernen soll, seinen „Ärger auszudrücken“, soll auf einen anderen energisch zugehen, mit dem Ziel, ihn mithilfe von Feindseligkeit zu verändern. Unglücklicherweise lassen sich die wenigsten Menschen auf diese Weise verändern, das gelingt (ohne Machtmittel oder Waffen) allenfalls noch bei Kindern – die Resultate sind ja dann auch entsprechend.

Ärger ist eine Emotion, die wir immer dann empfinden, wenn wir den berechtigten oder unberechtigten Eindruck haben, wir würden missachtet und unsere Grenzen würden verletzt. Ärger kann durch einen **Mangel** an Wertschätzung, an Respekt, durch Übergriffigkeit, aber auch durch einen Mangel an Anerkennung und Zuneigung ausgelöst werden. Verbale, negative Aggression ist genauso schlimm wie körperliche Feindseligkeit.

Wer der Meinung ist, dass er sich **Anerkennung** verdient hat, der wird sauer, wenn er sie nicht wie erhofft bekommt. Hier wird bereits deutlich, dass das Ausmaß empfundenen Ärgers aus bestimmten **Erwartungen** resultiert. Erwartungen können eng oder weit gefasst sein. Wenn ich also der Meinung bin, jemand *muss* mir Anerkennung oder Zuneigung geben, dann ist das eine sehr eng umschriebene Erwartung. Diese Erwartung kann ebenso angemessen und berechtigt wie vollkommen unberechtigt und illusionär sein. Wer seinen „Ärger auslebt“, der stellt an den anderen immer eine **Forderung**. Diese kann berechtigt sein oder unberechtigt. Wenn sie unberechtigt ist, kann der Ausdruck von Ärger enormen Schaden anrichten.

Ärger hat – wie sehr viele Emotionen – eine wichtige Funktion als **Selbstwertregulativ**. Wer angegriffen, verletzt etc. wurde, der fühlt sich in seinem Selbstwert gesunken. Das eigentliche Ziel von Ärger ist in den allermeisten Fällen ein zweifaches: Erstens: Der andere soll die Ablehnung spüren (und sein Herdeninstinkt soll alarmiert werden, sodass er, um nicht die Zugehörigkeit zu verlieren, das macht, was man möchte, sich also unterwerfen). Zweitens: Man möchte sich wieder besser fühlen. Man ist in seinem Selbstwertgefühl angegriffen worden und will jetzt wieder mit sich ins Reine kommen.

Beides gelingt meist nicht: Zum einen, weil die meisten Menschen auf Ärger mit dem Gefühl reagieren, ihre Grenzen wären verletzt worden und sie haben meist gar keine Lust, sich zu unterwerfen, wenn sie nicht müssen. Da der andere vielleicht denselben Ratschlag verinnerlicht und auch Angst vor Magengeschwüren hat, kommt es ganz leicht zu einer Gewaltspirale, die das Problem mit Sicherheit nicht löst. Zum anderen bekommt man als Resultat solcher Erlebnisse meist kein besseres Selbstwertgefühl, sondern eher Schuldgefühle, die dann möglicherweise dazu führen, dass man erst recht weiter aggressiv angreift.

Ärger geht zudem mit der Annahme einher, der andere wäre **feindselig**. Je wütender man ist, desto feindseliger erlebt man den anderen – bis hin zur Paranoia. Es gibt den bekannten Psychiaterwitz: Dass ich unter Verfolgungswahn leide, bedeutet noch lange nicht, dass ich nicht wirklich verfolgt werde – und da ist etwas Wahres dran. Der andere kann feindselig sein, der andere kann bösartig sein und dann ist **entsprechendes Handeln** auch angebracht. Aber sehr häufig ist das eben nicht der Fall, und es ist für den weiteren Verlauf der Interaktion günstiger, feindselige Vorannahmen zu stoppen und sich zu fragen, welche Erklärungsmöglichkeiten es für das Verhalten des anderen noch gibt.

24. GLÜCKSTIPP

Fragen Sie sich in Konfliktsituationen:

- Welche Phantasien oder Bilder habe ich mir gemacht?
- Was denke ich über den anderen? Ist das realistisch?
- Ist der andere feindselig oder möchte er seinerseits Grenzen wahren?

Trotz der häufig schädlichen Auswirkungen ist **Ärger wichtig** und hat auch konstruktive Funktionen. Aus dem oben Gesagten geht hervor, dass Ärger hilft zu erkennen, wo unsere Grenzen sind, und was wir uns eigentlich gewünscht haben.

25. GLÜCKSTIPP

Wenn Sie ärgerlich werden, überprüfen Sie Folgendes:

- Was habe ich erwartet? Was wünsche ich mir?
- Was will ich mitmachen? Was nicht?

Ich hatte einst eine Klientin, eine Freiberuflerin(!), der eine Selbsthilfegruppe geraten hatte, ihren Ärger auszudrücken und zwar gegenüber einem *Kunden*. Bevor sie zur Tat schritt, fragte sie mich und ich empfahl ihr, erstens die Kritik des Kunden zu akzeptieren und zweitens die Gruppe zu fragen, wer ihr bei entsprechenden Konsequenzen, nämlich dem Verlust des Auftraggebers, die Miete bezahlen würde. Der Kunde war weder feindselig noch grenzverletzend gewesen, sondern hatte auf seinem Recht bestanden und dies sachlich und ohne verbale Aggressionen. Die Klientin war einfach gekränkt, weil man sie kritisiert hatte. Der psychologische Ratschlag, man möge seinen Ärger immer und auf jeden Fall ausdrücken, hat Konsequenzen. Seien Sie sicher, dass Sie es sind, der sie bezahlt.

Umgekehrt kann es nützlich sein, sich zu fragen, was sich der andere eigentlich erwartet oder wünscht, wenn er plötzlich ärgerlich wird. Es kann durchaus sein, dass diese **Erwartungen** berechtigt sind, es kann sein, dass sie es nicht sind. Es hilft dem eigenen Selbstwertgefühl, wenn man weiß, dass jemand ärgerlich auf einen wurde, weil er vielleicht unrealistische oder unangemessene Erwartungen hatte. Oder wenn man weiß, dass seine Erwartungen durchaus realistisch und angemessen sind. Dann nämlich kann man sich überlegen, ob man sie nicht besser erfüllen sollte, wenn die Beziehung gelingen soll.

Ärger ist also eine **wichtige** und häufig hilfreiche Emotion – wenn man sie richtig nutzt. Ärger zeigt auf, wo die eigenen Grenzen sind und welche Erwartungen oder Wünsche man hat. Wer **keinen Ärger** zulassen kann, der lernt seine Grenzen nicht kennen und hat auch nicht die Energie, sie notfalls zu verteidigen. Ärger, in diesem Sinne genutzt, kann sehr wohl **zum Glück beitragen**. Aber unreflektiert ausgelebter Ärger, der auch noch auf unrealistischen Phantasien beruht, ist nicht gesund und hilft niemandem.

Zum Schluss

Richtiges Glück setzt das richtige Leben voraus. Ein Teil des Glücklichseins hängt von der **Umgebung** ab und ein Teil von einem selbst. Die Fähigkeit des Menschen, körpereigene Stimmungsmacher zu steuern, ist sehr reduziert, wenn er in einer Umgebung lebt, in der es nicht genug zu essen und zu trinken gibt, wo es kalt ist und es keine medizinische Versorgung oder Obdach gibt. Auch in Ländern mit Korruption, Folter, extremen Formen von Ausbeutung ist die Wahrscheinlichkeit, dass man glücklich werden kann, sehr herabgesetzt. Deshalb geht dieses Buch von der Annahme aus, dass der Leser in einer Welt lebt, in der er über ausreichend Nahrung, Kleidung, medizinische Versorgung und Obdach verfügt. Wenn das nicht der Fall ist, gilt, was hier über Stress und Mangel gesagt wurde natürlich trotzdem, die Anforderungen an das tägliche Handeln sind aber andere.

In diesen Ländern werden die tatkräftigsten und anständigsten Menschen ihrer Generation zu Revolutionären oder Reformern, sobald sie die Gelegenheit dazu bekommen. Es ist erstaunlich, was sich mit wenig Aufwand an Geld, aber mit Ideen und viel Enthusiasmus erreichen lässt. Aber ganz ohne äußere Hilfe – welcher Art auch immer – geht es nicht. Das bedeutet, es muss eine genügend große Anzahl von Menschen geben, die nicht dem täglichen Kampf um Nahrung und Brennmaterial völlig unterworfen ist oder die sich für den Weg des Verbrechens entschieden hat – ein Schicksal als Verhungernder oder Verkommener immer vor Augen.

Dies ist kein Buch über soziale Reformen, so nötig sie in vielen Bereichen der Erde auch sind. Dieses Buch verfolgt ein anderes Ziel. Reiche Gesellschaften, in denen viele Menschen unglücklich, depressiv oder verbittert sind, sind in aller Regel nicht bereit, ärmeren Ländern in dem Maße zu helfen, wie es nötig wäre, weil zu viele Menschen so sehr mit sich selbst beschäftigt sind, um wahrzunehmen, was getan werden kann und auch muss. Je mehr man also mithilft, dass eine genügend große Anzahl an Menschen glücklich genug ist, um Sinn darin zu sehen, zu Verbesserungen, gleich welcher Art auch immer, beizutragen, desto wahrscheinlicher wird es, dass soziale Reformen verwirklicht werden.

Warten Sie also nicht darauf, dass eines Tages die Motivation dazu vom Himmel regnet. Am Anfang kostet eine Änderung des Verhaltens immer ein wenig Anstrengung, aber wenn man das durchhält, wird man so belohnt, dass weitere Ergebnisse viel leichter zu erreichen sind. Probieren Sie kleine Schritte und freuen Sie sich über jeden noch so kleinen Erfolg.

Literatur

Botton, Alain de: Status Angst (Orig.: Status Anxiety, 2004), Fischer, 2004

Csíkszentmihályi, Mihály: Flow: Das Geheimnis des Glücks (Orig.: FLOW – The Psychology of Optimal Experience, 1990). Klett-Cotta, 1992

Hüther, Gerald: Die Macht der inneren Bilder: Wie Visionen das Gehirn, den Menschen und die Welt verändern. Vandenhoeck & Ruprecht, 2005, 2004

Klein, Stefan: Die Glücksformel: oder Wie die guten Gefühle entstehen. Rowohlt, 2002

Korzybski, Alfred: Manhood of Humanity: The Science and Art of Human Engineering. 1921. Dodo Press, 2008

Panksepp, Jaak: Affective Neuroscience: The Foundations of Human and Animal Emotions. Oxford University Press, 1998

Robertson, Dr. Joel C.: Natural Prozac: Learning to Release Your Body's own Anti-Depressants. HarperCollins, 1997

Roth, Gerhard: Aus Sicht des Gehirns. Suhrkamp, 2003

Ruden, Ronald A.: The Craving Brain: A bold new approach to breaking free from drug addiction, overeating, alcoholism, gambling. Harper Collins, 2003

Russell, Bertrand: Eroberung des Glücks: Neue Wege zu einer besseren Lebensgestaltung (Orig.: The Conquest of Happiness, 1930). Suhrkamp, 1977

Sapolsky, Robert M.: Why Zebras don't get Ulcers: The Acclaimed Guide to Stress, Stress-Related Diseases, and Coping. Henry Holt and Company, 2004
(Deutsch: Warum Zebras keine Migräne kriegen. Wie Stress den Menschen krank macht)

Seligmann, Martin: Pessimisten küsst man nicht: Optimismus kann man lernen (Orig.: Learned Optimism, 1990), Droemersche Verlagsanstalt, 1991

Simonton et al: Wieder gesund werden: Eine Anleitung zur Aktivierung der Selbstheilungskräfte für Krebspatienten und ihre Angehörigen (Orig.: Getting Well Again, 1978), Rowohlt 1982

Slade, Neil: Der Glücksschalter: So nutzen Sie Ihr Gehirn zu 100 Prozent (Orig.: The Frontal Lobes Supercharge, 2003). Rowohlt, 2006